Mobile Electronic Commerce

移动电子商务

权金娟　编著

清华大学出版社

北　京

内 容 简 介

随着电子商务的兴起和无线上网技术的不断更新，移动电子商务逐渐走进人们的视野，开始蓬勃发展。本书在阐述现有移动电子商务相关教材的基础上，选取移动电子商务产业发展的新技术和理论，系统介绍移动电子商务的基本概念、基本技术与基本应用，包括移动电子商务概述、移动电子商务技术基础、移动电子商务价值链与商业模式、移动营销、移动支付、移动电子商务物流等，同时，本书还列举了一些电子商务方面的实例，以便读者更深入具体地理解移动电子商务的各种应用。全书内容充实，材料新颖，理论和实践相结合。

本书可作为大学移动电子商务专业的入门教材，也可供移动电子商务的技术与管理人员参考。

本书封面贴有清华大学出版社防伪标签，无标签者不得销售。
版权所有，侵权必究。举报: 010-62782989, beiqinquan@tup.tsinghua.edu.cn。

图书在版编目(CIP)数据

移动电子商务/权金娟编著. —北京: 清华大学出版社，2016(2021.8重印)
ISBN 978-7-302-44628-6

Ⅰ. ①移… Ⅱ. ①权… Ⅲ. ①电子商务－高等学校－教材 Ⅳ. ①F713.36

中国版本图书馆 CIP 数据核字(2016)第 179769 号

责任编辑: 刘向威　梅栾芳
封面设计: 傅瑞学
责任校对: 梁　毅
责任印制: 宋　林

出版发行: 清华大学出版社
　　　　网　　址: http://www.tup.com.cn, http://www.wqbook.com
　　　　地　　址: 北京清华大学学研大厦 A 座　　　邮　编: 100084
　　　　社 总 机: 010-62770175　　　　　　　　　　邮　购: 010-83470235
　　　　投稿与读者服务: 010-62776969, c-service@tup.tsinghua.edu.cn
　　　　质量反馈: 010-62772015, zhiliang@tup.tsinghua.edu.cn
　　　　课件下载: http://www.tup.com.cn, 010-83470236
印 装 者: 北京鑫海金澳胶印有限公司
经　　销: 全国新华书店
开　　本: 185mm×260mm　　　印　张: 11.25　　　字　数: 273 千字
版　　次: 2016 年 8 月第 1 版　　　　　　　　　　印　次: 2021 年 8 月第 10 次印刷
印　　数: 15001~17000
定　　价: 39.00 元

产品编号: 068641-02

前言

近年来,随着移动互联网的发展,无线上网技术不断更新,新的无线协议标准不断出现并逐步取得一致,促进了异构无线装置的互联和通信。随着我国互联网和移动通信的迅猛发展,智能手机市场份额逐步提升,3G的普及和4G网络的引入,手机上网成为现代人们生活中一种重要的上网方式,人们正逐渐利用手机等移动智能终端设备体验网上支付、个人信息服务、网上银行业务、网络购物、手机订票、娱乐服务等,这种移动数据终端设备参与商业经营的移动电子商务正在迅速崛起。

移动电子商务是移动信息服务和电子商务融合的产物。随着人们消费理念和商家销售理念的不断转变,移动电子商务已经成为一种新型的商务模式,与人们的生活密切相关,其发展前景广阔,并对我国的经济产生深远的影响。这种新的商务模式,给人们的生活带来变化的同时,也给商家和个体带来了巨大的商机。企业如何做好转型,个人如何做好营销,技术人员如何将通信技术和安全技术进一步提高,都是目前面临的问题。与此同时,专业人才的需求极速增加。作为电子商务专业的学生,不但要掌握传统电子商务的相关知识,更要学习新生事物——移动电子商务的相关知识,拓宽自己的专业视野和就业领域。本书就是为了普及移动电子商务知识应运而生,是移动电子商务学习的入门级读物。

本书在学习现有移动电子商务相关教材的基础上,选取移动电子商务产业发展的最新技术和理论,系统介绍移动电子商务的基本概念、基本技术与基本应用,包括移动商务技术基础、移动商务价值链与商务模式、移动电子商务营销、移动支付、移动物流和移动电子商务典型应用。突出专业特色,联系实际应用,加入LBS、O2O、二维码营销、移动应用等新内容,充分顺应移动商务发展的现状和趋势,同时,本书设计了移动电子商务实践项目,让读者参与其中,提高学习热情。全书内容充实、材料新颖,理论和实践相结合,是全面了解移动电子商务相关知识的最佳读物。本书面向有一定电子商务知识基础的大学生和对移动电子商务感兴趣的人员。

本书由天津财经大学权金娟编著,编写过程中得到很多同事和朋友的帮助,并参考了行业内专家学者的相关资料,在此一并表示感谢!由于时间紧迫,作者水平有限,书中难免有疏漏不妥之处,恳请广大读者批评指正。

编 者

目 录

第1章 移动电子商务概述 1
1.1 移动电子商务的概念、特点和优势 1
1.1.1 移动电子商务的概念及业务范围 1
1.1.2 移动电子商务的特性及优势 5
1.1.3 移动电子商务的业务模式 6
1.2 移动电子商务的发展和趋势 6
1.2.1 移动电子商务发展历程 6
1.2.2 移动电子商务发展现状 7
1.2.3 移动电子商务发展的新趋势 7
1.3 我国移动电子商务发展中存在的问题 9
1.3.1 我国移动电子商务发展中存在的问题 9
1.3.2 我国移动电子商务的发展对策及建议 10
1.4 移动电子商务体验——手机购物 11
1.5 本章小结 16
习题 16

第2章 移动电子商务技术基础 17
2.1 移动通信技术与移动互联网 17
2.1.1 移动通信技术 17
2.1.2 移动互联网 22
2.2 移动操作系统和移动终端设备 26
2.2.1 iOS操作系统 26
2.2.2 Android操作系统 34
2.2.3 移动终端设备 39
2.3 二维码技术 44
2.3.1 二维码基础知识 44
2.3.2 二维码编码原理 45
2.3.3 二维码的应用 47
2.4 移动定位技术 49
2.4.1 基于位置的服务 49
2.4.2 导航 50
2.5 移动电子商务主要实现技术 56

2.5.1　无线应用协议 56
　　2.5.2　移动IP 59
　　2.5.3　蓝牙 63
　　2.5.4　无线局域网 64
　　2.5.5　通用分组无线业务 64
　　2.5.6　4G网及其五大技术标准 67
2.6　二维码制作 69
2.7　本章小结 71
习题 71

第3章　移动电子商务价值链与商业模式 72

3.1　移动电子商务价值链 72
3.2　移动电子商务商业模式 75
　　3.2.1　移动电子商务模式概述 75
　　3.2.2　移动电子商务模式 76
3.3　基于位置的服务体验 82
3.4　本章小结 85
习题 85

第4章　移动营销 86

4.1　移动营销概述 86
　　4.1.1　移动营销的特点 86
　　4.1.2　移动营销发展历程 87
　　4.1.3　移动营销的发展趋势 88
4.2　移动广告营销 90
　　4.2.1　中国移动广告发展概况 90
　　4.2.2　移动广告投放位置和形式效果 91
　　4.2.3　移动广告的特点和优势 97
　　4.2.4　移动广告盈利模式和应用效果 98
4.3　平台级App营销 99
　　4.3.1　微信营销 99
　　4.3.2　微博营销 108
　　4.3.3　微商城和微店 111
　　4.3.4　App营销 112
4.4　微店申请 113
4.5　本章小结 118
习题 118

第 5 章　移动支付 ·· 119
5.1　移动支付概述 ·· 119
5.2　移动支付的运营模式 ·· 129
5.2.1　移动支付三种运营模式 ·· 129
5.2.2　第三方移动支付介绍 ··· 135
5.3　本章小结 ·· 142
习题 ·· 142

第 6 章　移动电子商务物流 ·· 143
6.1　电子商务物流概述 ··· 143
6.2　移动电子商务物流供应链管理 ··· 144
6.2.1　供应链与供应链管理 ··· 144
6.2.2　物流管理及物流系统 ··· 148
6.3　电子商务物流配送 ··· 152
6.3.1　电子商务物流配送 ·· 153
6.3.2　目前我国电子商务的物流配送模式 ·································· 156
6.3.3　电子商务物流配送中的问题 ·· 159
6.4　第三方物流 ·· 160
6.5　电子商务物流技术和设备及其应用 ······································· 165
6.5.1　电子商务物流设备 ·· 165
6.5.2　电子商务物流技术 ·· 167
6.6　本章小结 ·· 169
习题 ·· 169

参考文献 ·· 170

第1章 移动电子商务概述

本章学习目标
- 了解移动电子商务的概念和特点;
- 分析移动电子商务的发展现状和趋势;
- 认识移动电子商务发展中存在的问题。

随着无线网络的完善和智能终端的普及,移动互联网已经深入人们的生活。基于移动互联网的电子商务已成为一种重要的商业运作模式。近年来,移动互联网保持高速发展态势,并加速向经济社会各领域渗透,带动电子商务由传统 PC 端加速向移动端迁移,基于 O2O 的新一轮创新和创业高潮正在涌现。移动电子商务正成为当前电子商务发展的新力量,同时也开启了电子商务发展的新空间。本章首先向读者介绍移动电子商务的特点、发展现状和趋势,接着介绍移动电子商务发展中存在的问题和解决的对策,最后通过实例体验移动电子商务的实际应用。

1.1 移动电子商务的概念、特点和优势

移动电子商务(M-Commerce)是指通过可信任的移动终端进行商品买卖和交易的服务过程。狭义地讲是通过手机、PDA(个人数字助理)等移动通信设备与因特网有机结合所进行的电子商务活动。移动终端是可以接入无线网络的设备,包括移动电话、无线固定电话、PDA 和带有无线 MODEM 的笔记本电脑等。它包括移动支付、无线 CRM、移动股市、移动银行与移动办公等。它能提供以下服务:个人信息服务、银行业务、交易、购物以及基于位置的服务(Location Based Service)和娱乐等。

1.1.1 移动电子商务的概念及业务范围

1. 移动电子商务的概念

移动电子商务就是利用手机、PDA 及掌上电脑等无线终端进行的 B2B、B2C 或 C2C 的电子商务。它将因特网、移动通信技术、短距离通信技术及其他信息处理技术完美地结合,使人们可以在任何时间、任何地点进行各种商贸活动,实现随时随地、线上线下的购物与交易、在线电子支付以及各种交易活动、商务活动、金融活动和相关的综合服务活动等。

移动电子商务是对传统电子商务的补充,它具有商务活动即时、身份认证便利、信息传

递实时、移动支付便捷等特点。随着无线通信技术的发展、智能移动终端性能的提升,移动电子商务应用领域不断地拓展与创新,由最基本的移动支付转向商务活动的各个环节。例如,用户可以直接利用移动设备进行网上身份认证、账单查询、网络银行业务以及基于位置的服务、互联网电子交易和无线医疗等。

根据《2015年第37次中国互联网络发展状况统计报告》,截至2015年12月,我国网民规模达6.88亿,全年共计新增网民3951万人。互联网普及率为50.3%,较2014年年底提升了2.4个百分点。调查结果显示,2015年新网民最主要的上网设备是手机,使用率为71.5%,较2014年年底提升了7.4个百分点。2015年新增加的网民群体中,低龄(19岁以下)、学生群体的占比分别为46.1%、46.4%,这部分人群使用互联网的目的主要是娱乐和沟通,便携易用的智能手机较好地满足了他们的需求。新网民对台式电脑的使用率为39.2%,较2014年有所下降。截至2015年12月,我国手机网民规模达6.20亿,较2014年年底增加6303万人。网民中使用手机上网人群的占比由2014年的85.8%提升至90.1%,手机依然是拉动网民规模增长的首要设备。通过手机上网的网民达到1.27亿,占整体网民规模的18.5%,如图1.1所示。

随着网络环境的日益完善、移动互联网技术的发展,各类移动互联网应用的需求逐渐被开发。从基础的娱乐沟通、信息查询,到商务交易、网络金融,再到教育、医疗、交通等公共服务,移动互联网塑造了全新的社会生活形态,潜移默化地改变着移动网民的日常生活。未来,移动互联网应用将更加贴近生活,从而带动三四线城市、农村地区人口的使用,进一步提升我国互联网普及率。

图1.1 中国手机网民规模

根据we are social在2015年8月发布的统计图表,在中国手机功能的使用方面,使用手机支付功能的人数为2.76亿,渗透率为20%,使用手机进行购物等电子商务活动的人数为2.70亿,渗透率为20%,使用手机进行差旅预订的人数为1.68亿,渗透率为12%,如图1.2所示。

2. 移动电子商务的业务分类

1) 业务分类

根据移动电子商务的不同业务特征,移动电子商务业务可以有多种分类方法。

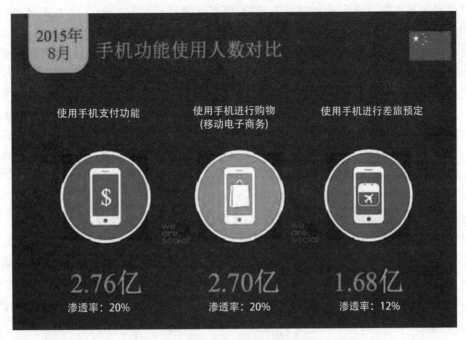

图 1.2　中国手机功能使用人数对比

从运营者视角分类,以业务的提供是否涉及商品所有权与使用权的转移为依据,对各种移动电子商务业务进行划分,可分为交易类业务和安全认证类业务。交易类业务通常具备以下特征:通过该类业务,用户可以获得实物产品、数字产品或服务;交易过程涉及买卖双方或多方的交易主体;交易的触发因商务模式的不同而有所区别。安全认证业务对商务活动起着支持作用,用于保证商务交易中的信任关系,它是商务活动中不可或缺的重要环节。安全认证类业务具备以下主要业务特征:这类业务对用户提供的是服务性产品,而不是直接的商品;在交易过程中存在信息流而不存在物流和资金流。

从应用和实现的角度,根据交易商品性质的不同,各种交易类业务可以细分为以下五种类别:实物商品交易类、数字商品交易类、信息服务类、金融服务类、积分类。目前开展的移动电子商务业务中,金融类业务开展比较早,已开展的业务有手机银行和手机证券;在票据类业务上,开展了手机彩票业务;对于购物类业务,目前开展了商店购物、第三方支付和自动贩卖机业务。

从用户视角出发,可以按照交易的主体和交易机制的不同对移动电子商务应用进行分类。按照交易的主体不同,可将移动电子商务应用分为个人类应用、企业类应用和政府类应用。针对个人用户的移动商务应用,企业可通过移动门户直接向用户提供个性化和本地化的信息服务。例如大众点评网提供的基于位置信息的服务,可提供与用户当前位置直接相关的宾馆预订、加油站查询。针对企业用户的移动商务应用,如 B2B 应用。包括公共独立平台交易模式、行业性平台交易模式和企业专用平台。针对政府机关的移动商务应用,如移动电子政务,通过移动电子政务平台,政府人员可实现远程登录、移动办公,用户可以实现政务网站的无线访问,或及时收到紧急事故的短信通知。

按照交易机制的不同可将移动电子商务分为社交应用类、情景应用类和交易撮合应用类。社交网络服务是以现实社会关系为基础,模拟或重建现实社会的人际关系网络。使用社交网络服务,人们可以实现个人数据处理、社会关系管理、信息分享、知识共享,可以利用信任关系扩展自己的社交网络,并达成更有价值的沟通和协作。移动社交类应用则是在此基础上发展起来的一种基于无线应用的社交网络,称为移动社区服务,它有效地结合了社交网络的特点和移动网络移动化、个性化的特点,能为用户提供跨越 PC 互联网和手机平台的全新社交体验。情景应用是指通过情景感知来触发、发现与提供对应的业务信息。利用移动通信网络个性化服务的特征,进行精准广告推送是目前较为流行的一种交易撮合模式。

2) 业务应用举例

移动应用日常生活服务项目包括:

(1) 银行业务。移动电子商务使用户能随时随地在网上安全地进行个人财务管理,用户可以使用其移动终端核查账户、支付账单、进行转账以及接收付款通知等。

(2) 订票。通过因特网预定机票、车票或入场券已经成为一项主要业务,其规模还在继续扩大。因特网有助于方便核查票证的有无,并进行购票和确认。移动电子商务使用户能在票价优惠或航班取消时立即得到通知,也可支付票费或在旅行途中临时更改航班或车次。借助移动设备,用户可以浏览电影剪辑、阅读评论,然后定购邻近电影院的电影票。如图 1.3 所示为订票流程。

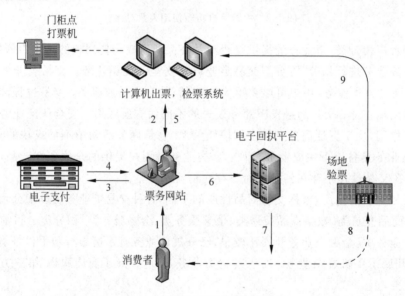

图 1.3 移动应用订票业务流程

(3) 购物。借助移动电子商务,用户能够通过移动通信设备进行网上购物。即兴购物会是一大增长点,如订购鲜花、礼物、食品或快餐等。传统购物也可通过移动电子商务得到改进。例如,用户可以使用"无线电子钱包"等具有安全支付功能的移动设备,在商店里或自动售货机上进行购物。

(4) 娱乐游戏。移动电子商务将带来一系列娱乐服务。用户不仅可以从他们的移动设备上收听音乐,还可以订购、下载或支付特定的曲目,可以观看多媒体节目、新闻,并且可以在网上与朋友们玩交互式游戏,还可以游戏付费,并进行快速、安全的博彩和游戏。

1.1.2 移动电子商务的特性及优势

1. 移动电子商务的特性

(1) 移动接入。移动接入是移动电子商务的一个重要特性,也是基础。移动接入是移动用户使用移动终端设备通过移动网络访问 Internet 信息和服务的基本手段。移动网络的覆盖面是广域的,用户随时随地可以方便地进行电子商务交易。

(2) 移动支付。移动支付是移动电子商务的一个重要目标,用户可以随时随地完成必要的电子支付业务。移动支付的分类方式有多种:按照支付的数额可以分为微支付、小额支付、宏支付等;按照交易对象所处的位置可以分为远程支付、面对面支付、家庭支付等;按照支付发生的时间可以分为预支付、在线即时支付、离线信用支付等。

(3) 信息安全。移动电子商务和 Internet 电子商务一样,需要具有信息安全的 4 个基本特征(数据保密性、数据完整性、不可否认性及交易方的认证与授权)。由于无线传输的特殊性,现有有线网络安全技术不能完全满足移动电子商务的需求。移动电子商务的信息安全所涉及的新技术包括:无线传输层安全(WTLS)、基于 WTLS 的端到端安全、基于 SAT 的 3DES 短信息加密安全、基于 SignText 的脚本数字签名安全、无线公钥基础设施(WPKI)、KJava 安全、BlueTooth/红外传输信息传输安全等,不一而足。

2. 移动电子商务的优势

移动电子商务是一种与传统电子商务有很大差异的新的交易方式,其主要优势是方便、简单、灵活。消费者不仅可以通过移动电子商务随时随地进行网上购物,企业也可打造出一条全新的销售与促销渠道,移动电子商务全面支持移动因特网业务,消费者可以通过移动支付为自己买单。移动电子商务可以为消费者提供个性化服务和定制服务,消费者有很大的空间去选择自己所喜爱的产品和服务。通过移动电子商务,用户可随时随地获取所需的服务、应用、信息和娱乐。通过随身携带的移动终端,用户可以进行各种商务活动,无论何时何地,商务交易都可以随时完成,物流信息可以随时查询更新,支付费用也可以选择网银支付、话费支付、第三方支付平台等多种方式。移动电子商务的一个重要特征就是可以通过个人移动终端随时随地进行商务交易。

1) 移动电子商务更具有便利性

随着 4G 网络的不断推进,智能移动终端快速持续地更新换代,移动电子商务的优势越来越明显,用户只需要利用手中的移动终端就能完成一切商务交易。移动终端不仅是一个通信工具,还是一个移动支付工具,用户所需的信息资料可以通过移动终端进行搜索和获取,消费者可以利用移动终端查找、选择并购买各种商品和服务。

2) 移动电子商务不受时空限制

无线通信技术使得电子商务摆脱有线网络的束缚,用户可以真正做到随时随地进行商务活动,不受时间、距离和地域的限制,通过无限技术,真正做到随时随地获取所需服务、应用、信息和娱乐。特别是对于企业工作者而言,解决了随时携带庞大资料出入的大麻烦,通过移动终端、无线网络以及企业内部资源系统的整合,企业员工只需要通过此通道就能进行移动办公活动。

3）移动电子商务较传统电子商务更具安全性

手机 SIM 卡具备身份的特殊性，其中储存的信息可以用来确认手机用户身份的唯一性，这是认证安全的基础。SIM 卡卡号是全球唯一的，每一个 SIM 卡对应一个用户，这使得 SIM 卡成为移动用户天然的身份识别工具，利用可编程的 SIM 卡，还可以存储用户的银行账号、CA 证书等用于标识用户身份的有效凭证。移动终端本身具有的密码锁认证功能也增加了不少安全性能，用户在支付时也会通过短信认证来确保交易的安全性。

4）移动电子商务能够提供个性化服务

由于移动电子商务固有的特点，移动电子商务非常适合大众化的应用。移动电子商务不仅能提供网上直接购物，还是一种全新的销售与促销渠道。它完全支持移动因特网业务，可实现电信、信息、媒体和娱乐服务的电子支付。移动电子商务不同于目前的销售方式，它能完全根据消费者的个性化需求和喜好定制相关的产品和服务，用户可随时随地使用这些服务。设备的选择以及提供服务与信息的方式完全由用户自己控制。除此之外，移动电子商务还具有巨大的潜在用户规模、易于推广使用、迅速灵活、开放性与包容性等特点。

1.1.3 移动电子商务的业务模式

移动电子商务不仅提供电子购物环境，还提供一种全新的销售和信息发布渠道。从信息流向的角度，移动电子商务的业务模式可分为推（Push）业务模式、拉（Pull）业务模式和交互式（Interactive）业务模式三种模式。推业务模式主要用于公共信息发布，该模式的最大特点就是用户只能被动接收，运营商发送什么就看什么，应用领域包括时事新闻、天气预报、股票行情、彩票中奖公布、交通路况信息、招聘信息和广告等。拉业务模式主要用于信息的个人定制接收，用户可以定制自己所喜欢的业务，缺点是所定制的业务只能是运营商所提供的有限业务，应用领域包括服务账单、电话号码、旅游信息、航班信息、影院节目安排等。交互式业务模式可用于移动购物、博彩、交互游戏、证券交易、在线竞拍、移动付款、移动 QQ、信息点播等。前两种都属于单边模式，灵活性差，对用户的吸引力有限，但最大优点就是实现简单，费用较小；而交互式业务模式提供了双方互动的业务，可以进一步吸引用户，但也会造成系统复杂度提高。

1.2 移动电子商务的发展和趋势

1.2.1 移动电子商务发展历程

随着移动通信技术和计算机的发展，移动电子商务的发展已经经历了 3 代，如图 1.4 所示。

第一代移动商务系统是以短信为基础的访问技术，这种技术存在着许多严重的缺陷，其中最严重的问题是实时性较差，查询请求不会立即得到回答。此外，由于短信信息长度的限制，也使得一些查询无法得到一个完整的答案。这些令用户无法忍受的严重问题使得一些早期使用基于短信的移动商务系统的部门纷纷要求升级和改造现有的系统。

第二代移动商务系统基于 WAP 技术，手机通过浏览器的方式来访问 WAP 网页，以实现信息的查询,部分解决了第一代移动访问技术的问题。第二代移动访问技术的缺陷主要表现在 WAP 网页访问的交互能力极差,极大地限制了移动电子商务系统的灵活性和方便性。此外,WAP 网页访问的安全问题对于安全性要求极为严格的政务系统来说也是一个严重的问题。这些问题也使得第二代技术难以满足用户的要求。

新一代的移动商务系统采用了基于面向服务的架构(SOA)的 web service、智能移动终端和移动 VPN 技术相结合的第三代移动访问和处理技术,使得系统的安全性和交互能力有了极大的提高。第三代移动商务系统同时融合了 3G/4G 移动技术、智能移动终端、VPN、数据库同步、身份认证及 web service 等多种移动通信、信息处理和计算机网络的前沿技术,以专网和无线通信技术为依托,为电子商务人员提供了一种安全、快速的现代化移动商务办公机制。

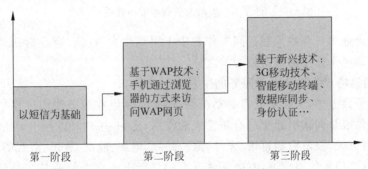

图 1.4　移动电子商务发展历程

1.2.2　移动电子商务发展现状

2014 年是中国移动电商大爆发的一年。微信和手机 QQ 购物、微店、天猫和京东移动端交易、网上支付、电商＋虚拟运营商等成为 2014 年移动电商的关键词。各大电商如阿里、京东、苏宁、唯品会等也在向移动电商倾斜。2014 年我国互联网领域迎来了新一轮的融资高峰,新兴 O2O 商务应用服务在国内全面布局,涉及招聘、电影票、交通票务、旅游门票、打车代驾租车、餐饮、美容、汽车保养等领域的移动互联网热点不断涌现,服务民生的智能应用体系逐步成熟,市场规模加速扩大。2015 年依然保持快速发展,前瞻网的资料显示,2015 年上半年,中国移动网购交易规模达到 8421 亿元,依然保持快速增长的趋势。2015 年上半年,移动购物市场规模份额中,阿里无线占据第一,达 80.1%;手机京东排名第二,占 10.7%;手机唯品会占据第三,份额为 2.6%;位于 4～10 名的分别是:手机苏宁易购(1.8%)、手机 1 号店(0.6%)、手机国美在线(0.5%)、手机聚美优品(0.4%)、手机当当(0.3%)、手机亚马逊(0.25%)、买卖宝(0.2%)。2009—2014 年中国移动电子商务市场规模如图 1.5 所示。可以看出,移动电子商务近两年飞速发展,市场规模较 2012 年增长迅速。

1.2.3　移动电子商务发展的新趋势

1) 企业应用将成为移动电子商务的热点

移动商务在我国既有广泛的应用空间,又有庞大的用户群体,相关技术也已经具备一定的成熟度。移动电子商务快速发展,必须是基于企业应用的成熟。企业应用的稳定性强、消费力大,这些特点是个人用户无法与之比拟的。而在移动电子商务的业务范畴中,有许多业

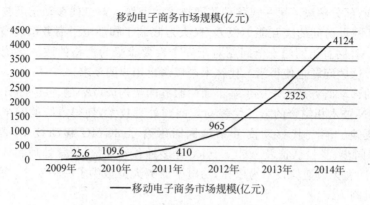

图 1.5　移动电子商务市场规模

务类型可以让企业用户在收入和提高工作效率上得到很大帮助。企业应用的快速发展,将会成为推动移动电子商务的最主要力量之一。

2) 移动信息将成为移动电子商务的主要应用

在移动电子商务中,虽然主要目的是交易,但是实际上在业务使用过程当中,信息的获取对于带动交易或是间接引起交易有非常大的作用,比如,用户可以利用手机,通过信息、邮件、标签读取等方式,获取股票行情、天气、旅行路线、电影、航班、音乐、游戏等各种内容业务的信息,而在这些信息的引导下,有助于诱导客户进行电子商务的业务交易活动。因此,平台提供商应重视用户体验和业务运营。移动电子商务平台提供商在加强拓展用户规模的同时,还需加强用户需求、消费行为、消费偏好的研究,从而开拓细分市场,为用户提供个性化服务,实现精准营销。因此,获取信息将成为各大移动电子商务服务商初期考虑的重点。

3) 安全性问题仍将是移动电子商务中的巨大机会

由于移动电子商务依赖于安全性较差的无线通信网络,因此安全性是移动电子商务中需要重点考虑的因素。作为商品交易便捷的平台,安全地进行网络交易,维护卖方与买方的利益是企业义不容辞的责任。与基于 PC 终端的电子商务相比,移动电子商务终端运算能力和存储容量更加不足,如何保证电子交易过程的安全,成了大家最为关心的问题。

4) 移动终端的机会

随着终端技术的发展,终端的功能越来越多,而且人性化设计方面也越来越全面,比如显示屏比过去有了很大的进步,而一些网上交易涉及到商品图片信息的,可以实现更加接近传统 PC 互联网上的界面显示。又如,智能终端的逐渐普及,如此一来,手机升级成为小型 PC,虽然两者不会完全一致,也不会被替代,但是手机可以实现的功能越来越多,对于一些移动电子商务业务的进行,也更加便利而又不失随身携带的特点。以后,终端产品融合趋势会愈加明显,很难清楚界定手上这个机器是手机,是电子书还是 MP4,在用户手上它就是一个有应用价值的终端,看消费者的需求方向。

5) 移动支付将成为最有潜力的支付手段

移动商务的发展离不开完善的支付方式和支付手段。移动支付可以简单定义为借助手机、掌上电脑、手提电脑等移动通信终端和设备,通过手机短信息、IVR、WAP 等方式所进行的银行转账、缴费和购物等商业交易活动。使用手机小额支付方式时,费用一般会直接加到用户的话费中。大额支付时,手机和信用卡一般是绑定的,由于数据是通过无线的方式传送的,而且还有用户确认的过程,因而安全性能较高。在电子商务中,支付手段一直是令消费者和在线销售商十分关注的事情,移动支付实现了一种很好的解决方案。如图 1.6 所示为移动电子商务发展趋势。

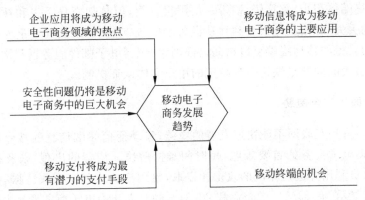

图 1.6 移动电子商务发展趋势

1.3 我国移动电子商务发展中存在的问题

1.3.1 我国移动电子商务发展中存在的问题

1. 移动电子商务模式不健全,产业链不合理

近些年,电子商务作为新兴的产业,在我国才刚刚开始兴起,因此商业模式还处于探索阶段,没有统一的标准对产业链各部分进行规范。移动电子商务在其发展过程中造成了一些失误和资源浪费,在一定程度上延缓了移动电子商务的发展。设备制造商在无线局域网设备安全性方面并不能很好地规范自己,因此移动用户既不能得到有效的互联网的安全保证,也不能保证安全的互通互联和信息共享。同时由于缺少相应的安全标准测评依据和管理法规,主管部门并不能对信息安全进行相应的规范要求,这给我国的移动电子商务信息安全的监督和管理造成了困难。移动电子商务业务是各行业各领域的合作,各方合作意愿和相应的信息化水平以及区域差异都会决定项目的未来发展,因此移动电子商务在社会化方面存在着很大的困难,只有通过政府及相关组织的协调和共同商业利益上的探索共同努力。

2. 技术方面的安全威胁

1) 无线网络本身的安全威胁

传统的网络的传播介质是处于地下安全地带的电缆,因此对传输区域可以进行相应控制。而在无线通信网络中,通信内容都是通过开放性的无线信道传送的,造成了无线网络中的信号容易被拦截,解码,以及被无线窃听而导致信息泄露。这威胁到了移动电子商务的信息安全。当拦截者以拦截到的合法用户的身份信息,冒充合法用户的身份进入网络时,可以访问被拦截者的网络资源或使用一些费用的通信服务,这就是所谓的身份假冒攻击。此外,攻击者可以冒充网络控制中心，冒充网络侧基站作为一种手段来欺骗移动用户的身份信息，从而冒充合法移动用户身份。

2）移动终端的安全

虽然移动终端体积小、重量轻，携带和使用很方便，但是却容易丢失和被盗。对个人而言，移动终端的丢失，会使其他人看到移动设备上的数字证书，以及其他重要数据。使用所存储的数据，用获得的移动终端可以访问内部网络，包括电子邮件服务器和文件系统。目前手持移动终端最大的问题是缺乏一个特定的用户实体认证机制。

3. 管理方面的安全威胁

安全问题一直是互联网不能快速发展的羁绊，移动通信终端信息的被盗和安全保障系统的漏洞是移动电子商务的首要难题，短时间难以解决。病毒的出现，以及移动终端的纰漏，会被恶意人员利用并进行相应的攻击和盗取，给用户造成经济损失。据《中国电子商务诚信状况调查》显示，有 23.5% 的企业和 26.34% 的个人认为电子商务最让人担心的是诚信问题，主要包括产品质量、售后服务及厂商信用等。因此诚信和信用的缺失是移动电子商务发展需要首要解决的问题。另外社会信用体系建设和市场法制建设不健全，以及行业自律尚未形成，都是当今移动电子商务所要面对的问题。

4. 电子商务法律法规不健全

移动电子商务相应的法律法规严重滞后于当前电子商务的发展，缺少对交易双方相应的保护，交易双方的责权同样没有进行相应规范，这些都会对移动电子商务的健康发展造成威胁。

1.3.2 我国移动电子商务的发展对策及建议

移动电子商务的安全问题及威胁成为移动电子商务推广应用的瓶颈，阻碍了 4G 时代我国移动电子商务的发展。只有解决了安全性问题，消除了威胁，我国移动电子商务的发展才具有可持续性。安全问题是移动电子商务核心技术问题，解决移动电子商务安全问题并很好地与 4G 技术结合应用是一项复杂的系统工程，需要建立系统完整的安全策略框架。只有采取了必要和恰当的手段才能充分提高移动商务的可用性和推广性。

1. 端到端策略

所谓的端到端就是找出移动电子商务环节中的薄弱点，采取相应的私密安全手段，保证传输过程的安全性。只有在制定安全策略时充分考虑供求双方的需求和移动应用的要求，并且规范相应的组织流程，如安全性结构、技术标准和策略、专用策略、用户规则等，才可以对相应的问题进行一定的风险规避。

2. 安全技术防护策略

1）无线加密技术

为了解决原 WAP 所存在的安全问题，网络运营商在当前系统上使用相应技术和通过验证的标准化协议，并提供动态密钥加密数据，解决伪造无线数据包的问题。使 WAP2 加密协议与 WAP 后向兼容,对 AES 进行更好的加密,能够更好解决无线网络的安全问题。

2) 防火墙和入侵检测技术

将防火墙和入侵检测系统安装在移动终端上,对所接收的网络内容或 E-mail 进行检测。同时利用监测器以及分析器,可以阻止并断开未经授权的接入点。

3) 无线公开密钥体系(WPKI)的应用

使用 WPKI 技术,使端到端数据传输通路变得更加安全。运用公共密钥加密及开放标准技术构建的架构可以让公共无线网络上的交易和安全通信鉴权。真正可信的 PKI 可以安全鉴权用户,保证数据在传输过程中的安全性,而且还可以运用非复制功能作为凭证,保证交易公平进行。

3. 安全管理策略

要实现安全的移动电子商务,单靠纯粹的技术防范是单薄无力的,安全管理策略的有效实施将使整个安全体系达到事半功倍的效果。需要提高用户安全使用意识和安全交易意识。首先,用户在交易前需核实对方的合法身份,避免上当受骗。其次,移动用户使用移动终端进行交易支付时,要严格按照规定操作,并注意妥善保管电子支付交易存取工具(如 SIM 卡、密码、密钥、电子签名制作数据等)的警示性信息。当用户发现移动终端遗失时,需采取及时挂失 SIM 卡和银行账户等应急保护措施。最后,相关订单信息、交易记录、合同、单据等证据需保存好以便日后发生纠纷时作为呈堂证据。加强产业链合作,推动安全管理标准化,促进移动商务发展。移动运营商应加紧与价值链上各环节的合作(SMS 短信寻址就是最好的例子),共同积极推动移动电子商务安全管理标准化,研发兼容性高的安全移动商务平台,加快基础网络设施建设,推进资费管理改革,并有意识地加强对产业链的控制和互相监督管理,进一步促进移动商务的发展。

4. 完善健全相关法律法规

完善相关法制制度,加强移动通信市场的安全监管,优化安全交易环境。有了法的保障才能使交易双方具有安全感,才能逐步转变用户固有的不良交易习惯,参与到方便、快捷、安全的移动电子商务模式中。目前已实施的《电子签名法》和《电子支付指引(征求意见稿)》为电子商务的发展奠定了法律基础,但是具体细节还没有解释清楚,缺少可操作性。为此,加快法制建设,明确行业的发展策略和政策导向,进一步规范移动通信市场机制,完善安全管理体制,才能逐步淡化支付和交易诚信方面的短板效应,为移动通信行业的健康持续发展创造良好的政策环境和公平、公正的市场环境。

1.4 移动电子商务体验——手机购物

手机购物是移动电子商务的重要组成部分,本节将以京东商城为例,讲述手机购物的流程和注意事项。

(1) 下载手机京东客户端 App,并单击进入京东首页,如图 1.7 所示,可看到京东首页的导航栏、醒目的广告、秒杀栏目等内容。

(2) 向下翻屏浏览,可以看到商品的分类,找到感兴趣的商品栏目,例如"家电"。单击进入,然后在页面最上面的搜索栏输入拟购商品,例如面包机,单击"搜索"按钮,如图 1.8 所示。

图 1.7 京东商城 App 和其移动端首页

图 1.8 在商品分类中搜索预购商品

(3) 在搜索到的产品中选择中意的产品,通过单击商品图片可以进入下一个页面查看商品详细信息,如图 1.9 所示。向下翻屏可看到商品的详细信息,比如尺寸、材质、功能、售后服务等信息,也可以看到用户对产品的评价和在线咨询商家的问题及回答,在此可以找到一些大众普遍关心的商品问题。

图 1.9　查看商品详细信息

(4) 如果对此款商品感兴趣,可以单击关注进行收藏,如果选定要买,则选择拟购买商品的颜色、尺寸、规格和数量,单击加入购物车或立即购买,进入购物车进行结算,如图 1.10 所示。在图中可以看到,在购物车页面的下方,出现了相关的产品推荐,如面包粉等和本商品相关的一些商品,这种营销形式非常人性化,极大地提高了用户的购物体验,同时也促进了商品的销售概率。

(5) 在结算环节,选择支付方式和配送方式。支付方式包括货到付款和在线支付,在线支付方式包括银行卡支付、微信支付、京东支付等。配送方式有京东快递和上门自提两种方式,同时还可以填写发票信息,如图 1.11 所示。

(6) 支付完成,等待发货。

(7) 可以随时登录京东客户端,在首页右下角单击"我的",查看订单详情,如图 1.12 所示。

(8) 由于某种原因需要取消订单,则单击该订单,进入"订单详情"页面,右下角单击"取消订单"即可,如图 1.13 所示。

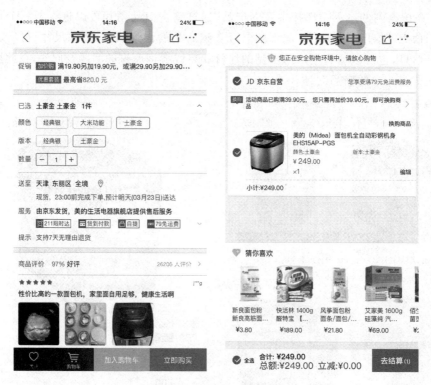

图 1.10　商品加入购物车

图 1.11　商品结算

图1.12 查看订单

图1.13 取消订单

1.5 本章小结

本章介绍了移动电子商务的概念、业务范围、特性及其优势,分析了移动电子商务的发展历程、现状和趋势。同时分析了目前我国移动电子商务领域存在的问题,提出了解决的办法。最后通过实例展示移动电子商务的应用。

习题

1. 请用图表的形式分析移动电子商务和传统电子商务的区别。
2. 移动电子商务在日常生活中的应用举例。

第 2 章 移动电子商务技术基础

本章学习目标
- 了解主流移动通信技术;
- 掌握二维码相关知识;
- 掌握移动操作系统和移动定位技术;
- 了解移动电子商务主要实现技术。

本章首先向读者介绍移动通信技术和移动互联网,接着介绍移动操作系统和移动终端设备、二维码技术、移动定位技术,然后介绍移动电子商务主要的实现技术,最后一节通过实例展示二维码的制作过程。

2.1 移动通信技术与移动互联网

2.1.1 移动通信技术

1897 年,意大利人 M·G·马可尼在相距 18 海里的固定站与拖船之间完成了一项无线电通信实验,实现了在英吉利海峡行驶的船只之间保持持续的通信,这标志着移动通信的诞生。从此,世界进入了无线电通信时代,移动通信已逐渐成为现代通信网中不可缺少并发展最快的通信方式之一。

1. 移动通信技术的概念和特点

移动通信是指移动用户之间,或移动用户与固定用户之间的通信。随着电子技术的发展,特别是半导体、集成电路和计算机技术的发展,移动通信得到了迅速的发展。随着其应用领域的扩大和对性能要求的提高,移动通信在技术上和理论上迅速发展。

2. 移动通信技术的发展历程

回顾移动通信技术的发展,移动通信技术共经历了 1G、2G、3G、4G 几个阶段,如图 2.1、图 2.2 所示。主要发展历程如下:

1) 第一代移动通信技术(1G)

20 世纪 70 年代中期至 80 年代中期是第一代蜂窝网络移动通信系统(1G)的发展阶段。第一代蜂窝网络移动通信系统是模拟传输的,主要基于蜂窝结构组网,直接使用模拟语

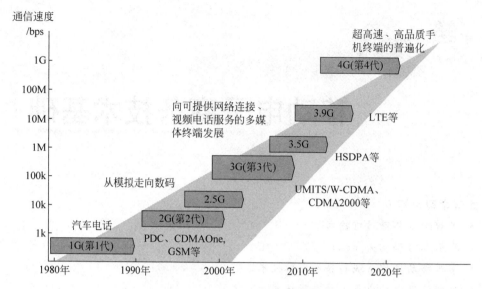

图 2.1 移动通信技术的发展历程

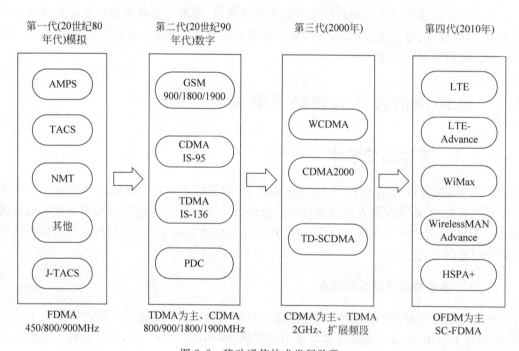

图 2.2 移动通信技术发展阶段

音调制技术,传输速率约为 2.4kbps。特点是业务量小、质量差、交互性差、没有加密且速度低。

1978 年年底,美国贝尔实验室成功研制了先进移动电话系统(Advanced Mobile Phone System,AMPS),建成了蜂窝状移动通信网,这是第一种真正意义上的具有随时随地通信的大容量的蜂窝状移动通信系统。蜂窝状移动通信系统基于带宽或干扰受限,通过小区分裂,有效地控制干扰,在相隔一定距离的基站,重复使用相同的频率,从而实现频率复用,大大提高了频谱的利用率,有效地提高了系统的容量。

第一代蜂窝网络移动通信系统由于受到传输带宽的限制,不能进行移动通信的长途漫游,是一种区域性的移动通信系统。第一代移动通信有多种制式,1987年11月引入我国,主要采用的是英国的 TACS 系统,在广东省建成并投入商用。第一代移动通信有很多不足之处,如容量有限、制式太多、互不兼容、保密性差、通话质量不高、不能提供数据业务、不能提供自动漫游等。

2) 第二代移动通信技术(2G)

20世纪80年代中期至20世纪末,2G 数字蜂窝移动通信系统逐渐成熟和发展。针对第一代移动通信技术存在的频谱利用率低、费用高、通话易被窃听(不保密)、业务种类受限、系统容量低等问题,推出了新一代数字蜂窝移动通信系统(2G)。数字蜂窝移动通信系统(2G)主要采用数字的时分多址(TDMA)技术和码分多址(CDMA)技术。全球主要有 GSM 和 CDMA 两种体制。CDMA 标准是美国提出的,GSM 标准是欧洲提出的,目前全球绝大多数国家使用这一标准。

1991年7月,GSM 系统在德国首次部署,它是世界上第一个数字蜂窝移动通信系统。CDMA 原本是为军事通信而开发的抗干扰通信技术,后来美国高通公司设计出商用数字蜂窝移动通信技术。1995年,第一个 CDMA 商用系统运行之后,CDMA 技术理论上的诸多优势在实践中得到体现,从而在北美、南美和亚洲等地得到迅速推广和应用。在美国和日本,CDMA 成为主要的移动通信技术。

我国移动通信主要是 GSM 体制,比如中国移动的 135~139 手机,中国联通的 130~132 都是 GSM 手机。2001年,中国联通开始在中国部署 CDMA 网络(简称 C 网)。2008年5月中国电信收购中国联通 CDMA 网络,并将 C 网规划为中国电信未来主要的发展方向。

第二代移动通信的主要业务是语音,主要特性是提供数字化的语音业务及低速数据业务。它克服了模拟移动通信系统的弱点,语音质量、保密性能得到大的提高,并可进行省内、省际自动漫游。第二代移动通信替代第一代移动通信系统完成了模拟技术向数字技术的转变,但由于第二代采用不同的制式,移动通信标准不统一,用户只能在同一制式覆盖的范围内漫游,因而无法全球漫游。

2G 与 1G 相比主要的特点是提高了标准化程度及频谱利用率,不再是数模结合而是数字化,保密性增加,容量增大,干扰减小,能传输低速数据的业务。2G 移动网络的突出弱点是业务范围有限,无法实现移动的多媒体业务,各国标准不统一,无法实现全球漫游。

尽管 2G 技术在发展中不断得到完善,但随着用户规模和网络规模的不断扩大,频率资源已接近枯竭,语音质量不能达到用户满意的标准,数据通信速率太低,无法满足移动多媒体业务的需求。

3) 第三代移动通信技术(3G)

20世纪90年代末是第三代移动通信技术(3G)发展和应用的阶段,同时4G移动通信也进入了研究阶段。自2000年左右开始,伴随着对第三代移动通信的大量论述,以及2.5G(B2G)产品 GPRS(通用无线分组业务)系统的过渡,3G 走上了通信舞台的前沿。

3G 也称为 IMT-2000(International Mobile Telecommunication 2000)。早在1985年,国际电信联盟(International Telecommunication Union,ITU)就提出了第三代移动通信系

统的概念,当时称为"未来公众陆地移动通信系统(FPLMTS)"。1996年ITU将3G命名为IMT-2000,其含义为该系统将在2000年左右投入使用,工作于2000MHz频段,最高传输速率为2000kbps。

1999年11月5日,在芬兰赫尔辛基召开的ITU TG8/1第18次会议上最终通过了IMT-2000无线接口技术规范建议,基本确立了第三代移动通信的3种主流标准,即欧洲和日本提出的宽带码分多址(WCDMA)、美国提出的多载波码分复用扩频调制(CDMA 2000)、中国提出的时分同步码分多址接入(TD-SCDMA)。

2000年5月国际电信联盟正式确立了针对3G网络的IMT-2000无线接口的5种技术标准。对比以模拟技术为代表的1G、2G和2.5G,3G有更宽的带宽,更高的传输速率。在技术上,3G系统采用CDMA技术和分组交换技术,而不是2G系统通常采用的TDMA技术和电路交换技术。在业务和性能方面,3G不仅能传输语音,还能传输数据,提供高质量的多媒体业务,如可变速率数据、移动视频和高清晰图像等多种业务,实现多种信息一体化,从而提供快捷、方便的无线应用,如无线接入Internet。3G的目标是在全球采用统一的标准、统一频段、统一大市场。各国的3G系统在设计上具有良好的通用性,3G用户能在全球实现无缝漫游。3G还具有低成本、服务优质、高保密性及良好的安全性能等特点。

但是,3G也存在一些问题。首先,第三代移动通信系统的通信标准共有WCDMA、CDMA2000和TD-SCDMA三大分支,共同组成一个IMT-2000家庭,成员间存在相互兼容的问题,因此已有的移动通信系统不是真正意义上的个人通信和全球通信;其次,3G的频谱利用率还比较低,不能充分利用宝贵的频谱资源;最后,3G支持的速率还不够高,如单载波只支持最大2Mbps的业务等。这些不足远远不能适应未来移动通信发展的需要,因此迫切需要寻求一种既能解决现有问题,又能适应未来移动通信需求的新技术。

4) 第四代移动通信技术(4G)

20世纪90年代末,4G的研究就已经开始了。现在的4G在之前称为B3G(Beyond 3G,超3G)技术。2000年确定了3G国际标准之后,ITU就启动了4G的相关工作。2003年ITU对4G的关键性指标进行定义,确定了4G的传输速率为1Gbps。在2005年10月18日结束的ITU-R WP8F第17次会议上,ITU给B3G技术一个正式的名称IMT-Advanced,将未来新的空中接口技术叫做IMT-Advanced技术。2007年,ITU给4G分配了新的频谱资源。

2012年1月18日,LTE-Advanced和Wireless MAN-Advanced(802.16m)技术规范通过了ITU-R的审议,正式被确立为IMT-Advanced(也称4G)国际标准,我国主导制定的TD-LTE-Advanced同时成为IMT-Advanced国际标准。LTE是Long Term Evolution的缩写,LTE并不是4G技术,而是3G向4G发展过程中的一个过渡技术,称为3.9G的全球化标准,它采用OFDM和MIMO作为无线网络演进的标准,改进并且增强了3G的空中接入技术。这些技术的运用,使其在20MHz频谱带宽的情况下能够提供下行326Mbps与上行86Mbps的峰值速率。这种具有革命性的改革,使得LTE技术改善了小区边缘位置的用户的性能,提高小区容量值并且降低了系统的延迟。TD-LTE-Advanced正式成为4G国际标准,标志着我国在移动通信标准制定领域再次走到了世界前列,为TD-LTE产业的后续发展及国际化奠定了重要基础。

2012年4月15日,中国移动香港有线公司正式推出4G服务,为客户提供高速移动数据业务,一般通信速率可达10～20Mbps,最高下载速率可达100Mbps。

4G是集3G与WLAN于一体、能够传输高质量视频图像且图像传输质量与高清晰度电视不相上下的技术。4G能够以高达100Mbps的速度下载,比拨号上网快2000倍,上传速度可达20Mbps,能满足几乎所有用户对无线服务的要求。同时,在价格方面,4G收费与固定宽带网络差不多,计费方式还更加灵活,通信也更加灵活,人们不仅可以随时随地通信,还可以双向下载传递资料、照片、视频,还可以与陌生人联网打游戏。用4G,你可以感受到比10MHz宽带更好的体验和便捷。4G与3G相比,它的频谱利用率更高,通信费用更加便宜,传输速率更高,语言、数据、影像等多媒体通信服务质量更高。

目前,4G已经进入商用时代,我们期待一个更好的移动通信系统的建成。工信部2015年12月14日在官方网站发布"互联网+"3年行动计划。根据计划,到2018年,建成一批全光纤网络城市,4G网络全面覆盖城市和乡村,80%以上的行政村实现光纤到村,直辖市、省会主要城市宽带用户平均接入速率达到30Mbps。

为实现这一目标,行动计划提出,加快信息基础设施建设和应用;推进全光纤网络城市和"宽带中国"示范城市建设;加快4G网络建设发展,加大5G研发力度;实施以宽带为重点内容的电信普遍服务补偿机制,加快农村宽带基础设施建设,缩小数字鸿沟。

同时,开展以5G为重点的国际移动通信(IMT)频率规划研究,以及智能交通频谱规划研究和技术试验。引导互联网企业优化网站设计,加大带宽配置,实现互联网信源高速接入,提升网站服务能力。

5) 5G网络展望

5G网络作为第五代移动通信网络,其最高理论传输速度可达10Gbps,这比4G网络的传输速度快数百倍,整部超高画质电影可在1s之内下载完成,如图2.3所示。

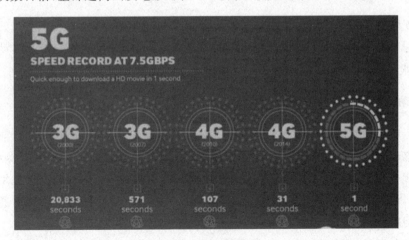

图2.3　5G网络速度

2014年5月13日,三星电子宣布,已率先开发出了首个基于5G核心技术的移动传输网络,并表示将在2020年之前进行5G网络的商业推广。2020年三星电子计划实现该技术的商用化为目标,全面研发5G移动通信核心技术。随着三星电子研发出这一技术,世界各国的第五代移动通信技术的研究将更加活跃,其国际标准的出台和商用化也将提速。

2014年7月,爱立信宣布,在5G无线技术一项无线测试中,无线传输速度达到5Gbps,比今天的LTE连接标准快了250倍,标志着无线传输速度再创新纪录。这一传输速度,无论对于智能手机,还是汽车、医疗和其他设备而言,均将受益。网络达到5Gbps速度,下载一部50GB的电影仅需80s,而这一速度为谷歌光纤1Gbps传输速度的5倍。但目前5Gbps传输速度仅为实验室理想状态下的数据,而实际商业部署则要等到2020年。

5G网络的主要目标是让终端用户始终处于联网状态。5G网络将来支持的设备远远不止智能手机——它还要支持智能手表、健身腕带、智能家庭设备(如鸟巢式室内恒温器)等。5G网络是指下一代无线网络。5G网络将是4G网络的真正升级版,它的基本要求并不同于今天的无线网络。

5G网络作为下一代移动通信网络,其最高理论传输速度可达每秒数十Gb,比现行4G网络的传输速度快数百倍,整部超高画质电影可在1s之内下载完成。随着5G技术的诞生,用智能终端分享3D电影、游戏以及超高画质(UHD)节目的时代已向我们走来。5G网络已成功在28千兆赫(GHz)波段下达到了1Gbps,相比之下,当前的第四代长期演进(4G LTE)服务的传输速率仅为75Mbps。此前这一传输瓶颈普遍被业界认为是一个技术难题,而三星电子则利用64个天线单元的自适应阵列传输技术破解了这一难题。5G网络不仅支持更多的数据,而且支持更多的使用率。对于5G网络,改善端到端性能将是另一个重大的课题。端到端性能是指智能手机的无线网络与搜索信息的服务器之间保持连接的状况。

2.1.2 移动互联网

移动互联网将移动通信和互联网二者结合起来,成为一体,是互联网的技术、平台、商业模式和应用与移动通信技术相结合并实践的活动总称。4G时代的开启以及移动终端设备的凸显必将为移动互联网的发展注入巨大的能量。

1. 移动互联网

移动互联网是互联网与移动通信各自独立发展后互相融合的新兴市场,目前呈现出互联网产品移动化强于移动产品互联网化的趋势。技术层面的定义是以宽带IP为技术核心,可以同时提供语音、数据和多媒体业务的开放式基础电信网络;终端的定义是用户使用手机、上网本、笔记本电脑、平板电脑、智能本等移动终端,通过移动网络获取移动通信网络服务和互联网服务。

移动互联网(Mobile Internet,MI)是一种通过智能移动终端,采用移动无线通信方式获取业务和服务的新兴业务,包含终端、软件和应用3个层面。终端层包括智能手机、平板电脑、电子书、MID等;软件包括操作系统、中间件、数据库和安全软件等;应用层包括休闲娱乐类、工具媒体类、商务财经类等不同应用与服务。

随着宽带无线接入技术和移动终端技术的飞速发展,人们迫切希望能够随时随地乃至在移动过程中都能方便地从互联网获取信息和服务,移动互联网应运而生并迅猛发展。然而,移动互联网在移动终端、接入网络、应用服务、安全与隐私保护等方面还面临一系列的挑战。其基础理论与关键技术的研究,对于国家信息产业的整体发展具有重要的现实意义。

在我国互联网的发展过程中,PC 互联网已日趋饱和,移动互联网却呈现井喷式发展。伴随着移动终端价格的下降及 WiFi 的广泛铺设,移动网民呈现爆发趋势。据中国产业调研网发布的 2015 年中国移动互联网现状调研及市场前景走势分析报告,2014 年中国移动互联网用户数量较前一年增加了 7000 万,手机网民占网民总数超 80%,手机和移动设备成为互联网的第一入口。2015 年 1 月,移动互联网用户总数净增 492 万户,总数达到 8.8 亿户,同比增长 5.1%。其中使用手机上网的用户达到 8.39 亿户,对移动电话用户的渗透率达到 65%,与 2014 年同期持平,手机保持第一大上网终端地位。我国移动互联网发展进入全民时代。

2. 无线网络的分类及应用

1) 无线局域网 WLAN(Wireless Local Area Network)

WLAN 是利用无线通信技术在一定的局部范围内建立的网络,是计算机网络与无线通信技术相结合的产物,它以无线多址信道作为传输媒介,提供传统有线局域网 LAN(Local Area Network)的功能,能够使用户真正实现随时、随地、随意的宽带网络接入。

WLAN 开始是作为有线局域网络的延伸而存在的,各团体、企事业单位广泛采用了 WLAN 技术来构建其办公网络。但随着应用的进一步发展,WLAN 正逐渐从传统意义上的局域网技术发展成为"公共无线局域网",成为国际互联网 Internet 宽带接入手段。WLAN 具有易安装、易扩展、易管理、易维护、高移动性、保密性强、抗干扰等特点。

由于 WLAN 是基于计算机网络与无线通信技术,在计算机网络结构中,逻辑链路控制(LLC)层及其之上的应用层对不同的物理层的要求可以是相同的,也可以是不同的,因此,WLAN 标准主要是针对物理层和媒质访问控制层(MAC),涉及所使用的无线频率范围、空中接口通信协议等技术规范与技术标准。

WiFi(Wireless Fidelity)是 IEEE 定义的一个无线网络通信工业标准(IEEE 802.11),在无线局域网的范畴内是指"无线相容性认证",同时也是一种无线联网的技术,通过无线电波来连接网络。WiFi 是一种可以将 PC、手持设备(如 PAD 和手机)等终端以无线方式互相连接的技术。使用 WiFi 技术配置的网络常常与现有的有线网络相互协调,共同运行。WiFi 一边可以通过无线电波与无线网络相连,另一边可以通过无线网关连接到无遮蔽双绞线(Unshield Twisted Pair,UTP)电缆。

2) 无线个人网 WPAN(Wireless Personal Area Network)

近年来,随着各种短距离无线通信技术的发展,人们提出了一个新的概念,即无线个人区域网(Wireless Personal Area Network,WPAN),是在小范围内相互连接数个装置所形成的无线网络,也可以称之为无线个域网。WPAN 核心思想是,用无线信号代替传统的有线电缆,实现个人信息终端的智能化互联,组建个人化的信息网络。

无线个域网具有实现活动半径小、业务类型丰富、面向特定群体、无线无缝的连接等特点,能够有效解决"最后几米电缆"的问题,进而将无线联网进行到底。WPAN 是一种与无线广域网、无线城域网、无线局域网并列,但覆盖范围相对较小的无线网络。在网络构成上,WPAN 位于整个网络链的末端,用于实现同一地点终端与终端间的连接,例如蓝牙连接耳机及膝上电脑等。WPAN 所覆盖的范围一般在 10m 半径以内,必须运行于许可的无线频段。WPAN 设备具有价格便宜、体积小、易操作和功耗低等优点。

在过去的几年里,WPAN 技术得到了飞速的发展,Bluetooth、IrDA、Home RF、UWB (Ultra-Wideband Radio)、NFC、Wibree、Z-Wave 等多种技术竞相提出,在功耗、成本、传输速率、传输距离、组网等方面又各有特点,具体如表 2.1 所示。

表 2.1 各种上网技术的比较

技术指标	蓝牙(1.0标准)	HomeRF	IrDA	UWB
工作频段/GHz	2.402～2.48	2.4	红外线	3.1～10.6
传输速率/Mbps	1	6～10	16	≥480
通信距离/m	≈10	<50	定向 1	≤10
应用范围	家庭和办公设备短距离互联	无线家庭网络互联	近距离 2 台(非多台)设备之间互联	近距离多媒体
终端类型	笔记本电脑、无绳电话、手机、小型无线数字设备	PC、无绳电话、宽带电缆或 DSL 调制解调器	电脑、打印机、PDA、手机、笔记本电脑	无线数字电视、DVD 等娱乐设备、Internet 高速接入网关
价格	较低	较低	较低	较低
主要支持公司	Nokia、Motorola、Ericsson 等	Proxim、西门子、Motorola、康柏电脑	Motorola、三星等	TI、Intel、Motorola 等

3) 无线区域网 WRAN (Wireless Regional Area Network)

基于无线电技术,IEEE 802.22 定义了适用于 WRAN 系统的空中接口。WRAN 系统工作在 47～910MHz 高频段/超高频段的电视频带内的,由于已经有用户(如电视用户)占用了这个频段,因此 802.22 设备必须要探测出使用相同频率的系统以避免干扰。

4) 无线城域网 WMAN(Wireless Metropolitan Area Network)

无线城域网是连接数个无线局域网的无线网络型式。2003 年 1 月,一项新的无线城域网标准——IEEE 802.16a 正式通过。致力于此标准研究的组织是 WiMax 论坛——全球微波接入互操作性(Worldwide Interoperability for Microwave Access)组织。作为一个非营利性的产业团体,WiMax 由 Intel 及其他众多领先的通信组件及设备公司共同创建。截至 2004 年 1 月底,其成员数由之前的 28 个迅速增长到超过 70 个,特别吸引了 AT&T、电讯盈科等运营商及西门子移动和我国的中兴通讯等通信厂商参与。

3. 无线网络的主要标准

1) IEEE 802.11 系列

1999 年 9 月通过的 IEEE 802.11b 工作在 2.4～2.483GHz 频段。802.11b 数据速率为 11Mbps,同时 IEEE 802.11b 具有 5.5Mbps、2Mbps、1Mbps 3 个低速档次,当工作站之间距离过长或干扰太大、信噪比低于某个门限时,传输速率能够从 11Mbps 自动降到

5.5Mbps、2Mbps 或者 1Mbps，通过降低传输速度来改善误码率性能。802.11b 使用带有防数据丢失特性的载波检测多址连接（CSMA/CA）作为路径共享协议，物理层调制方式为 CCK（补码键控）的 DSSS（直接序列扩频）。

和 802.11b 相比，IEEE 802.11a 在整个覆盖范围内提供了更高的速度，其速率高达 54Mbps。它工作在 5GHz 频段，目前该频段用得不多，干扰和信号争用情况较少。802.11a 同样采用 CSMA/CA 协议。但在物理层，802.11a 采用了正交频分复用（OFDM）技术。OFDM 技术将一个无线信道分解成多个子载波同时传输数据，每个子载波的速率比总速率低许多，也就是每个传输符号的时长要长许多，这有利于克服无线信道的衰落，改善信号质量，提升整个网络的速度。

2001 年 11 月 15 日，IEEE 试验性地批准一种新技术 802.11g，其使命就是兼顾 802.11a 和 802.11b，为 802.11b 过渡到 802.11a 铺路修桥。它既适应传统的 802.11b 标准，在 2.4GHz 频率下提供 11Mbps 的数据速率，也符合 802.11a 标准，在 5GHz 频率下提供 54Mbps 的数据速率。802.11g 中规定的调制方式包括 802.11a 中采用的 OFDM 与 802.11b 中采用的 CCK。通过规定两种调制方式，既达到了用 2.4GHz 频段实现 IEEE 802.11a 54Mbps 的数据传送速度，也确保了与装机数量超过 1100 万台的 IEEE 802.11b 产品的兼容。此外，TI 公司提案的可达 22Mbps 数据传送速度的 CCK-PBCC 与 CCK-OFDM 调制方式也可以选用。

2) HiperLAN

除了 IEEE 802.11 家族，欧洲电信标准化协会（ETSI）的宽带无线电接入网络（BRAN）也制定出 HiperLAN 标准作为"宽带无线接入网"计划的组成部分，并在欧洲得到了广泛支持和应用。该系列包含 4 个标准：HiperLAN1、HiperLAN2、HiperLink 和 HiperAccess。HiperLAN1、HiperLAN2 用于高速 WLAN 接入；HiperLink 用于室内无线主干系统；HiperAccess 则用于室外对有线通信设施提供固定接入。

HiperLAN1 对应 1EEE 802.11b，它工作在 5.3GHz 频段，采用高斯滤波最小频移键控（GMSK）调制，速率最大 23.5Mbps。HiperLAN2 工作在 5GHz 频段，速率高达 54Mbps。因为技术上的下列优点，它被看成目前最先进的 WLAN 技术：为了实现 54Mbps 高速数据传输，物理层采用 OFDM 调制，MAC 子层则采用一种动态时分复用的技术来保证最有效地利用无线资源。为使系统同步，在数据编码方面采用了数据串行排序和多级前向纠错，每一级都能纠正一定比例的误码。数据通过移动终端和接入点之间事先建立的信令链接来进行传输，面向链接的特点使得 HiperLAN2 可以很容易地实现 QoS 支持。每个链接可以被指定一个特定的 QoS，如带宽、时延、误码率等，还可以给每个链接预先指定一个优先级。能自动进行频率分配。接入点监听周围的 HiperLAN2 无线信道，并自动选择空闲信道。这一功能消除了对频率规划的需求，使系统部署变得相对简便。为了提高无线接入的安全性，HiperLAN2 网络支持鉴权和加密。通过鉴权，使得只有合法的用户可以接入网络，而且只能接入通过鉴权的有效网络。其协议栈具有很大的灵活性，可以适应多种固定网络类型。它既可以作为交换式以太网的无线接入子网，也可以作为第三代蜂窝网络的接入网，并且这种接入对于网络层以上的用户部分来说是完全透明的。当前在固定网络上的任何应用都可以在 HiperLAN2 网上运行。相比之下，IEEE 802.11 的一系列协议都只能由以太网作为支撑，不如 HiperLAN2 灵活。

3) 红外系统

红外局域网系统采用波长小于 1μm 的红外线作为传输媒体,该频谱在电磁光谱里仅次于可见光,不受无线电管理部门的限制。红外信号要求视距传输,方向性强,对邻近区域的类似系统也不会产生干扰,并且窃听困难。实际应用中由于红外线具有很高的背景噪声,受日光、环境照明等影响较大,一般要求的发射功率较高。尽管如此,红外无线 LAN 仍是目前 100Mbps 以上、性能价格比高的网络唯一可行的选择,主要用于设备的点对点通信。

4) 蓝牙技术

蓝牙是一种使用 2.45GHz 的无线频带(ISM 频带)的通用无线接口技术,提供不同设备间的双向短程通信。蓝牙的目标是最高数据传输速率 1Mbps(有效传输速率为 721kbps),传输距离为 10cm~10m(增加发射功率可达 100m)。在一个微微网络中,蓝牙可使每台设备同时与多达 7 台的其他设备进行通信,而且每台设备可以同时属于几个微微网络。蓝牙面向的是移动设备间的小范围连接,因而本质上说它是一种代替线缆的技术。它用来在较短距离内取代目前多种线缆连接方案,并且克服了红外技术的缺陷,可穿透墙壁等障碍,通过统一的短距离无线链路,在各种数字设备之间实现灵活、安全、低成本、小功耗的语音和数据通信。对于 802.11 和 HiperLAN 家族,蓝牙的作用不是为了竞争,而是相互补充。

5) HomeRF

HomeRF 是 IEEE 802.11 与 DECT 的结合,原为家庭网络设计,旨在降低语音数据成本。HomeRF 工作在 2.4GHz 频段,它采用数字跳频扩频技术,速率为 50 跳/s,并有 75 个带宽为 1MHz 跳频信道。调制方式为 2FSK 与 4FSK。数据的传输速率在 2FSK 方式下为 1Mbps,在 4FSK 方式下为 2Mbps。在新版 HomeRF 2.x 中,采用了 WBFH(Wide Band Frequency Hopping)技术把跳频带宽增加到 3MHz 和 5MHz,跳频速率也增加到 75 跳/s,数据传输速率达到了 10Mbps。尽管如此,在速率更快、技术更先进的 802.11 和 HiperLAN 的夹攻下,HomeRF 已不被看好。

2.2 移动操作系统和移动终端设备

移动操作系统是一种运算能力及功能比传统功能手机更强的操作系统。使用最多的操作系统有 Android、iOS、Symbian、Windows Phone 和 BlackBerry OS。它们之间的应用软件互不兼容。因为可以像个人电脑一样安装第三方软件,所以智能手机有丰富的功能。智能移动终端能够显示与个人电脑所显示出来的一致的正常网页,具有独立的操作系统以及良好的用户界面,拥有很强的应用扩展性,能方便随意地安装和删除应用程序。本书主要讲述目前应用广泛的 iOS 操作系统和 Android 操作系统。

2.2.1 iOS 操作系统

iOS 是由苹果公司开发的移动操作系统。苹果公司最早于 2007 年 1 月 9 日的 Macworld 大会上公布了这个系统,最初是设计给 iPhone 使用的,后来陆续套用到 iPod Touch、iPad 以及 Apple TV 等产品上。iOS 与苹果的 Mac OS X 操作系统一样,属于类

UNIX 的商业操作系统。它管理设备硬件并为手机本地应用程序的实现提供基础技术。根据设备不同，操作系统具有不同的系统应用程序，例如 Phone、Mail 以及 Safari，这些应用程序可以为用户提供标准系统服务。

iPhone SDK 包含开发、安装及运行本地应用程序所需的工具和接口。本地应用程序使用 iOS 系统框架和 Objective-C 语言进行构建，并且直接运行于 iOS 设备。它与 Web 应用程序不同，一是它位于所安装的设备上，二是不管是否有网络连接它都能运行。可以说本地应用程序和其他系统应用程序具有相同地位。本地应用程序和用户数据都可以通过 iTunes 同步到用户计算机。

iOS 架构和 Mac OS 的基础架构相似。站在高级层次来看，iOS 扮演底层硬件和应用程序（显示在屏幕上的应用程序）的中介。如图 2.4 所示。用户创建的应用程序不能直接访问硬件，而需要和系统接口进行交互。系统接口去和适当的驱动打交道。这样的抽象可以防止应用程序改变底层硬件。

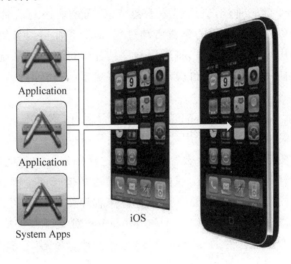

图 2.4 应用程序位于 iOS 上层

1. iPhone SDK

在使用 Intel 芯片的 Macintosh 计算机开发 iOS 应用程序所需的全部接口、工具以及资源全都包含于 iPhone SDK。苹果公司将大部分系统接口发布在框架这种特殊的数据包。一个框架就是一个目录，它包含一个动态共享库以及使用这个库所需的资源（例如头文件、图像以及帮助应用程序等）。如果要使用某个框架，则需要将其链接到应用程序工程，这一点和使用其他共享库相似。另外，还需要告知开发工具何处可以找到框架头文件以及其他资源。除了使用框架，苹果公司还通过标准共享库的形式来发布某些技术。由于 iOS 以 Unix 为基础，操作系统底层的许多技术都源自开源技术，这些技术的许多接口可以从标准库和接口目录访问。

SDK 中还包含下述重要组件：

Xcode 工具：提供 iOS 应用程序开发工具，是一个集成开发环境，它负责管理应用程序工程。可以通过它来编辑、编译、运行以及调试代码。Xcode 还集成了许多其他工具，它是开发过程中使用到的主要应用程序。

Interface Builder：以可视化方式组装用户接口的工具。通过 Interface Builder 创建出来的接口对象会保存到某种特定格式的资源文件中，并且在运行时加载到应用程序。

Instruments：运行时性能分析和调试工具。可以通过 Instruments 收集应用程序运行时的行为信息，并利用这些信息来确认可能存在的问题。

iPhone 模拟器：是 Mac OS X 平台应用程序。它对 iOS 技术栈进行模拟，以便在基于 Intel 的 Macintosh 计算机上测试 iOS 应用程序。

iOS 参考库：SDK 默认包含 iOS 的参考文档。另外，如果文档库有更新，则更新会被自动下载到本地。

2. iOS 常见特性

1）多任务

如果应用程序构建于 iPhone SDK 4.0 及其后续版本（且运行于 iOS 4.0 及后续版本操作系统），则单击 Home 键的时候，应用程序不会结束，而是切换到后台，进入挂起状态。让应用程序驻留在后台可以避免以后的重新启动过程，应用程序可以直接将自己激活，这在很大程度上改善了整体用户体验。另外，将应用程序挂起也可以改善系统性能，因为挂起应用程序可以最小化电能使用，并可让前台应用程序获得更多的执行时间。

2）苹果推送通知服务

iOS 3.0 及后续版本的系统中，不管应用程序是否运行，苹果推送通知服务都可用于通知用户某个应用程序具有新信息。利用这项服务，用户可以向系统推送文本通知，触发声音提醒或者在应用程序图标上添加一个数字化标记。这样用户就知道他们应该打开应用程序接收相关信息。从设计角度看，让应用程序支持推送通知包含两个部分：首先，iOS 应用程序需要请求系统向其发送通知，然后要合理配置应用程序委托使其可以对通知进行恰当处理，这些工作可以通过应用程序委托以及 UIApplication 对象合作完成。其次，需要提供一个服务器端进程用于产生最初的通知，该进程运行在本地服务器，它和苹果推送通知服务协同工作以产生最初的通知。

3）本地通知

iOS 4.0 引入了本地通知。本地通知是对已有推送通知的补充，应用程序可以通过它在本地生成通知，不再需要依赖外部服务器。当有重要的事件发生时，后台应用程序可以利用本地通知获得用户关注。举个例子，运行于后台的导航应用程序可以使用本地通知提醒用户前方限速。应用程序也可以安排在未来的某个时刻向用户发送本地通知，而且发送这些通知并不要求应用程序处于运行状态。本地通知的优点是它独立于应用程序。一旦某个通知被安排好，系统会负责通知发送。而且在发送通知的时候，应用程序无须处于运行状态。

4）手势识别器

iOS 3.2 引入了手势识别器。手势识别器是一个绑定到视图的对象，用于检测常见的手势类型。将手势识别器绑定到视图后，可以告诉它某个手势发生的时候执行何种动作。之后，手势识别器就可以对原始事件进行跟踪了，根据系统定义的试探方式识别手势。在引入手势识别器前，如果要识别一个手势，需要跟踪视图的原始触摸事件流，然后再使用复杂的试探方法来判断这些事件是否表示某种手势。

所有手势识别器的基本行为包括：
(1) 向里或向外捏（用于缩放）；
(2) 摇动或者拖曳；
(3) 擦碰（以任意方向）；
(4) 旋转（手指朝相反方向移动）；
(5) 长按。

5) 文件共享支持

应用程序可以使用文件共享让用户访问程序的用户数据文件。文件共享允许应用程序通过 iTunes 向用户显露应用程序/Documents 目录的内容。这样，用户就可以在 iPad 和桌面计算机之间来回移动文件。但是，该功能不允许应用程序和同一设备上的其他应用程序共享文件。如果希望在程序间共享文件，则要使用剪贴板或者文档交互控制器对象。

6) 点对点服务

在 iOS 3.0 及后续版本，Game Kit 框架支持经由蓝牙进行点对点连接。可以使用点对点连接启动与某个邻近设备的通信会话，也可用它实现多种多玩家游戏的常见特性。虽然点对点连接主要应用于游戏，但也可将之应用于其他类型应用程序。

7) 图形技术

高质量的图形是 iOS 应用程序的重要组成部分。大多数应用程序无须改动，或者只需做很少修改，便可运行在具备高分辨率屏幕的设备。因为在绘图或者操作视图的时候，所指定的座标值会被映射到逻辑坐标系统，它和底层屏幕分辨率没有关联。而且绘制的内容会自动根据需要按比例缩放，以此来支持高分辨率屏幕。对基于向量进行绘制的代码来说，系统框架会自动使用额外的像素来改善图画的内容，使其变得更清晰。

8) 音频技术

iOS 音频技术可为用户提供丰富多彩的音响体验。用户可以使用音频技术来播放或录制高质量的音频，也可以用于触发设备的震动功能（具有震动功能的设备）。iOS 音频技术支持的音频格式有 AAC、Apple Lossless（ALAC）、A-law、IMA/ADPCM（IMA4）、Linear PCM、μ-law、DVI/Intel IMA ADPCM、Microsoft GSM 6.10、AES3-2003。

9) 视频技术

iOS 有数种技术可用于播放应用程序包的电影文件以及来自网络的数据流内容。如果设备具有合适的视频硬件，这些技术也可用于捕捉视频，并可将捕获到的视频集成到应用程序。系统也提供多种方法用于播放或录制视频内容，可以根据需要选择。iOS 视频技术支持播放的电影文件应具有.mov、.mp4、.m4v 以及.3gp 文件扩展名，而且文件应使用下述的压缩标准：H.264 视频，多达 1.5Mbps，640×480 像素，每秒 30 帧；H.264 Baseline Profile 的 Low-Complexity 版本支持 AAC-LC 音频(.m4v、.mp4 以及.mov 文件格式中高达 160kbps、48kHz 的立体音频)；H.264 视频，高达 68kbps，320×240 像素，每秒 30 帧；达到 Level 1.3 的 Baseline Profile 支持 AAC-LC 音频(.m4v、.mp4 以及.mov 文件格式中高达 160kbps、48kHz 的立体音频)；MPEG-4 视频，高达 2.5Mbps，640×480 像素，每秒 30 帧；Simple Profile 支持 AAC-LC 音频(.m4v、.mp4 以及.mov 文件格式中高达 160kbps、48kHz 的立体音频)。

3. iOS 9 特色功能介绍

1）SIRI

利用语音来完成发送信息、安排会议、查看最新比分等更多事务。只要说出想做的事，SIRI 就能有所回应。新版本 iOS 9 的"SIRI 建议"下方放置了"附近"栏目，可选择"美食"、"咖啡"等多项日常服务，通过系统内置地图应用来快速定位周围的具体位置，方便用户轻松查找。搜索栏可以为用户的日常操作提供最为便捷的帮助，值得一提的是，相比于 iOS 8 的搜索栏，iOS 9 不仅可以使用文字进行应用与文字的查找，也可以利用语音操作。如图 2.5 所示 iOS 操作系统 SIRI 界面。

图 2.5　iOS 操作系统 SIRI 界面

2）FaceTime

只需轻点一下，就能使用 iOS 设备通过 WLAN 或 4G 网络与其他人进行视频通话，甚至还可以在 iPhone 或 iPad 上通过蜂窝网络和朋友们进行 FaceTime 通话。iMessage 是一项比手机短信更出色的信息服务，因为有了它，可以通过 WLAN 网络连接与任何 iOS 设备或 Mac 用户免费收发信息，而且信息数量不受限制。因此可以尽情发送文本信息，还可以发送照片、视频、位置信息和联系人信息。

3）Safari

Safari 是一款极受欢迎的移动网络浏览器。它不仅可以使用阅读器排除网页上的干扰，还可以保存阅读列表，以便进行离线浏览。iCloud 标签可以跟踪各个设备上已打开的网页，因此上次在一部设备上浏览的内容，可以在另一部设备上从停止的地方继续浏览。如图 2.6 所示，单击下方中间的图标，可以通过邮件、微信等共享当前网页。单击图标 ，可以进入书签，如图 2.7 所示，可以查看收藏的页面和浏览历史等内容。单击图 2.6 右下角的图标 ，屏幕上则显示出最近打开过的网页，在此可以单击重新查看，也可以单击每个页面右上角的"×"，关闭此网页。

4）控制中心

这里有随时急需的控制选项和 App。只需从屏幕任意地方（包括锁定屏幕）向上轻扫，

第2章 移动电子商务技术基础

图 2.6　iOS Safari 浏览器

图 2.7　iOS Safari 浏览器书签和浏览历史

即可切换到飞行模式、打开或关闭无线局域网、打开或关闭蓝牙、调整屏幕亮度等,甚至还可以使用手电筒进行照明,播放、暂停或跳过一首歌曲,快速使用计时器、计算器和相机。如图 2.8 所示为 iOS 9 的控制中心。

5) 通知中心

通知中心可让用户随时掌握新邮件、未接来电、待办事项和更多信息。一个名为"今天"的新功能可总结今日的动态信息,十分便捷。扫一眼 iPhone,就知道今天是否是某人的生日,是否需要雨伞,或交通状况是否影响上下班出行,甚至还能收到关于明天的提醒。可以从任何屏幕状态(包括锁定屏幕)访问通知中心。只需向下轻扫,即可迅速掌握各类动态信息。"今天"视图让用户全面掌握今日需要了解的信息,还能小窥一下明日的情形。全新"全部"和"未读通知"视图,可以查看所有的提醒,或只查看在过去 24 小时内未处理的提醒,如图 2.9 所示。

图 2.8　iOS 9 的控制中心

图 2.9　iOS 9 的通知中心

6) 多任务处理

多任务处理始终是在 App 之间切换的捷径。因为 iOS 会了解用户喜欢何时使用 App,并在启动 App 之前更新内容,因此,如果用户经常在上午 9 点查看最喜爱的社交 App,那么他所关注的相关内容届时将准备就绪,待其随时取用,这就是 iOS 的多任务处理功能。点按两次主屏幕按钮,即可查看已经打开的 App 的预览屏幕。若要退出一款 App,只需向上轻扫,将它移出预览模式,iOS 将更新安排在低功耗的时段,比如在设备开启并连接无线网络时,这样就不会无端消耗电池了,如图 2.10 所示。

7) 相机

iOS 7 的相机功能将所有的拍摄模式置于显要位置，包括照片、视频、全景模式和新增的正方形模式。轻扫一下，就能以喜欢的方式拍摄想拍的画面，瞬间即成。而全新滤镜让用户更好地享受每张照片带来的乐趣。可为照片增添复古味道，提升对比度，或感受黑白魅力，任你尽情挥洒艺术创意。在 iOS 9 中，苹果又使用了一种人性的设计来方便用户预览相片。以往，预览相片后只能通过单击"完成"来进入相机，现在可以使用向左下角滑动进入相机，如图 2.11 所示。另外，iOS 9 增加了 Live Photos 的功能拍摄动态照片，同时还有声音。使用 Live Photos 功能拍摄的照片，除了可以在 iPhone 6s/6s Plus 设备上观看外，还可以在 iPad、Mac 和 Apple Watch 等其他苹果设备上查看，不过目前只有 iPhone 6s/6s Plus 可以拍摄 Live Photos 动态照片，因此 6S 用户可以将拍摄好的 Live Photos 照片发给其他 iOS 设备，同样也可以在其他设备上查看这种效果。此外，苹果也会为开发者发布 API，让他们在自己的应用中支持新格式。

图 2.10　iOS 9 的多任务处理　　　　图 2.11　iOS 9 的相机

8) AirDrop

通过文本信息或电子邮件发送照片或文档是没问题的，但如果某人就在旁边，文字信息或电子邮件会让人感觉大费周章。可以进入适用于 iOS 的 AirDrop，它能快速、轻松地共享照片、视频、通讯录，以及任何有共享按钮的 App 中的一切。只需轻点共享，然后选择共享对象，AirDrop 就会使用无线网络和蓝牙搞定其余的事情，不仅无须设置，而且传输经过加密，可严格保障共享内容的安全。通过 AirDrop，可以与指定的一个人或多个人共享照片或视频。只需轻点"共享"按钮，选择想要共享的人，剩下的 AirDrop 会自动完成。使用 iOS 7

时，通讯录中使用 iOS 7 的联系人，可自动在 AirDrop 中看到你。但你也可以选择让附近所有 iOS 7 用户都看到你，或不让任何人看到。接收人可选择保存你发送的所有内容。在此情形下，内容会被保存到适当的位置，照片存在照片 App 中，通行证放在 Passbook，联系人信息收入通讯录，以此类推。

9）App Store

iOS 所拥有的应用程序是所有移动操作系统里面最多的。iOS 平台拥有数量庞大的移动 App，几乎每类 App 都有数千款，而且每款 App 都同样出色。这是因为 Apple 为第三方开发者提供了丰富的工具和 API，从而让他们设计的 App 能充分利用每部 iOS 设备蕴涵的先进技术。所有 App 都集中在一处，只要使用 Apple ID，即可轻松访问、搜索和购买这些 App，如图 2.12 所示。

10）iCloud

iCloud 可以存放照片、App、电子邮件、通讯录、日历和文档等内容，并以无线方式将它们推送到用户所有的设备上。如果用 iPad 拍摄照片或编辑日历事件，iCloud 能确保这些内容也出现在 Mac、iPhone 和 iPod Touch 上，而无须用户进行任何操作。

图 2.12　iOS 9 的 App Store

2.2.2　Android 操作系统

Android 是基于 Linux 内核的操作系统，是 Google 公司在 2007 年 11 月 5 日公布的手机操作系统，早期由 Google 开发，后由开放手持设备联盟（Open Handset Alliance）开发。它采用了软件堆层（Software Stack，又名软件叠层）的架构，主要分为 3 部分。底层 Linux 内核只提供基本功能；其他的应用软件则由各公司自行开发，部分程序以 Java 编写。

2010 年年末的数据显示，仅正式推出两年的操作系统 Android 已经超越称霸 10 年的诺基亚（Nokia）塞班 OS 系统，采用 Android 系统的主要手机厂商包括宏达电子（HTC）、三星（Samsung）、摩托罗拉（Motorola）、LG、Sony、魅族 M9 等，使之跃居全球最受欢迎的智能手机平台。Android 系统不但应用于智能手机，也在平板电脑市场急速扩张。Android 系统自推出以来，就以明显的优势逐渐扩大市场份额，尤其在国外，其呼声日高，处于蓬勃发展的开拓阶段。据美国某市场调研机构 2012 年发布的一份报告显示，2012 年一季度，美国基于 Android 系统的智能手机的销售量已占据全美手机销售量的 28％份额，而大名鼎鼎的 iPhone 手机其市场份额紧追其后，占到 21％的市场份额，已经确定了 Android 系统的市场地位。据业内人士分析，随着 Android 系统相应软件的不断开发应用，选择 Android 系统手机或者无线终端设备的人会越来越多，其市场霸主的地位在更新更好的系统出现之前是不可动摇的。

中国是世界上最大的手机消费国。由于 4G 业务的不断推广，对整个手机业起大了巨大的促进作用,当前国内手机市场正在快速向智能手机推进,而 Android 系统无疑是最大的市场需求。各大中小型手机制造商近两年都在引入 Android 工程师,开发基于 Android 系统的智能手机。

未来基于 Android 系统的应用软件将进入飞速发展的全新阶段。Android 系统的应用绝不仅局限于手机产业,几年来其迅速扩张到相关领域,例如平板电脑、车载系统、电视 STB、智能电器、智能会议系统等。目前,各 IT 厂商都在努力地研发前沿应用软件,以期在 Android 系统发展这一群雄逐鹿的关键阶段占领更多的市场份额。

1. Android(安卓)系统的优势

1) 开放性

在优势方面,Android 平台以其开放性倍受青睐,开发的平台允许任何移动终端厂商加入到 Android 联盟中来。显著的开放性可以使其拥有更多的开发者,随着用户和应用的日益丰富,一个崭新的平台也将很快走向成熟。

开发性对于 Android 的发展而言,有利于积累人气,这里的人气包括消费者和厂商,而对于消费者来讲,最大的受益正是丰富的软件资源。开放的平台也会带来更大竞争,如此一来,消费者将可以用更低的价位购得心仪的手机。

2) 挣脱运营商的束缚

在过去很长的一段时间,特别是在欧美地区,手机应用往往受到运营商制约,使用什么功能接入什么网络,几乎都受到运营商的控制。自从 iPhone 上市,用户可以更加方便地连接网络,运营商的制约减少了。

3) 丰富的硬件选择

这一点还是与 Android 平台的开放性相关,由于 Android 的开放性,众多的厂商推出千奇百怪、各具功能特色的多种产品,功能上的差异和特色,却不会影响到数据同步和软件的兼容。好比用户从诺基亚 Symbian 风格手机一下改用苹果 iPhone,同时还可将 Symbian 中优秀的软件带到 iPhone 上使用,联系人等资料更是可以方便地转移。

4) 不受任何限制的开发商

Android 平台提供给第三方开发商一个十分宽泛、自由的环境,因此不会受到各种条条框框的阻挠,因此会有很多新颖别致的软件诞生。但也有其两面性,血腥、暴力、情色方面的程序和游戏如何控制正是留给 Android 的难题之一。

5) 无缝结合的 Google 应用

从搜索巨人到全面的互联网渗透,Google 服务(如地图、邮件、搜索等)已经成为连接用户和互联网的重要纽带,而 Android 平台手机无缝结合了这些优秀的 Google 服务。

2. Android 5.0 特色功能

1) 访客模式

在生活中手机和平板电脑这些设备,特别后者被借用的情况时有发生,这时访客模式就大有作为了。之前安卓系统的访客模式仅在平板电脑上开启,现在安卓 5.0 在手机上也默认开启了这项功能,如图 2.13 所示。

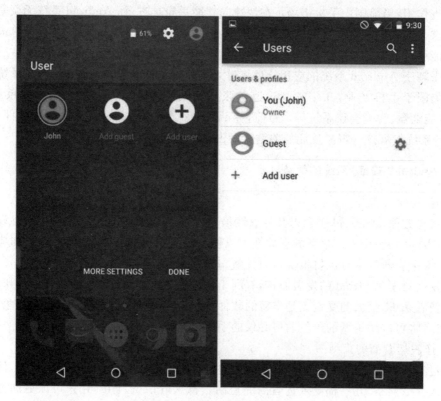

图 2.13 Android 系统的访客功能

2）省电模式

安卓近几年的新系统总会伴着一项 Project 推出，这次是 Project Volta，主打省电。事实上大多安卓厂商早已推出自己的省电模式，这次由谷歌从系统上植入将会进一步将这项功能普及开来。安卓 5.0 上的省电模式通过禁用数据网络、降低性能、限制震动等方式降低功耗，使设备在低电量的情况下延长至少 90min 的使用时间，如图 2.14 所示。

3）智能解锁

运行安卓 5.0 的设备除了可以用传统的方式——图案、密码、滑动、人脸解锁外，还新增了通过与认证设备配对解锁，这省去了用户亲自验证的麻烦。苹果在 iPhone 5s 上引进了指纹解锁后，众安卓厂商也纷纷效仿，这种解锁方式也是非常便捷的方式之一。

4）大容量存储模式

安卓设备连接电脑后可读写手机内建存储和外置 SD 卡的内容。

5）更多的应用管理

安卓系统的应用除了能和 iOS 那样进行安装、删除、设置权限操作外，还可以将一些第三方应用设为默认方式。在一台未越狱的 iOS 设备上，想要用第三方浏览器来取代 Safari 是不可能的。此外，安卓系统还支持擦除某个应用的数据，如图 2.15 所示为 Android 系统的应用管理。

6）完整的 NFC 功能

安卓系统上的 NFC 功能支持支付、文件传输、开启预设设置等。而目前 iOS 的 NFC 只为 Apple Pay 服务，并且一些地区还享受不到这项功能带来的便捷。

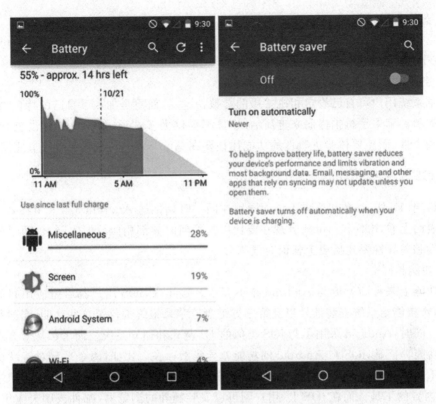

图 2.14　Android 系统的 Project Volta

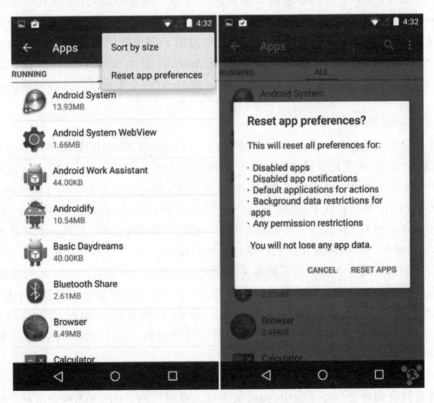

图 2.15　Android 系统的应用管理

7) 安装应用无限制

安卓设备不需要进行破解即可安装谷歌 Play 商店以外的应用,利在于给用户更多的自由,弊在于安全性较低。iOS 用户要想安装非 App Store 应用就只能越狱了。

8) 更多的拍摄选项

安卓系统用户可自己设定相机拍摄的参数,一些厂商更是加入了自己的特色功能,丰富了用户体验。苹果手机拍摄向来走简洁风,虽不提供太多选项,效果也一样出色,但这样就少了一些个性,而想要体验进阶性的功能往往要在 App Store 花钱购买第三方应用。

3. iOS 8 和 Android 5.0 对比

2014 年 11 月,谷歌和苹果不约而同地在同一时期推送 Android 5.0 和 iOS 8.1.1。

从表面上看,iOS 和 Android 现在要比以往任何时候都相似。但实际上,两者的整体体验相似性和差异性要比历史上任何时候都大。

1) 功能趋同

从功能上来看,iOS 8 与 Android 差不多了。数年来,iOS 用户都希望应用间通信能变得更好,希望能给系统安装插件以及第三方键盘。苹果最终提供了这些功能,当然是以苹果的方式。同时,Android 采用了与 iOS 类似的 UI 范式和通知系统。两者都从对方那里借鉴了一些功能。但是,iOS 和 Android 的功能差异依然存在。比如,两个平台对待默认应用的态度就不同。在 Android 上,用户则可以选择其他浏览器、邮件客户端或聊天客户端来取代 Google 内置的工具。而在 iOS 上,用户则可以安装额外浏览器、邮件或聊天应用,它们能与默认应用通信,但苹果的核心应用永远是默认应用。换句话说,并不是 iOS 不能提供与 Android 一样的功能,而是苹果选择不这么做。除此之外,应用世界也在发展。如果必须要做出选择,大部分开发者还是会以 iOS 为先。不过第三方应用同时在 iOS 和 Android 上发布并保持同步已成为标配。应用曾经是 iOS 和 Android 最大的差别所在,但随着这两个操作系统的趋同,以及实际的操作系统功能接近一致,在这两个系统之间选择的理由也发生了变化。

2) 外观和感觉

从设计角度看,由 Material Design 支撑的 Lollipop 是 Google 最具雄心的系统版本。数年来,Android 外观变化了很多次。最开始只是作为黑莓和 Windows Mobile 竞争对手的 Android 已经进化成了一个以触摸为中心的操作系统,并逐渐开创出了自己的风格。

Android 的困难之处在于,大部分用户使用的并非 Google 提供的原生界面,而是使用三星 TouchWiz、HTC Sense、小米 MIUI 等 UI 皮肤。很遗憾,因为 Lollipop 在外观上一点也不差,透明效果、图层、阴影和纹理都经过了精心设计。

让大家都用上同一个版本的系统很重要,因为这会让人们觉得 Android 有史以来第一次有了清晰的用户界面和体验愿景。更重要的是,这一设计会很轻松地扩散到平板电脑、手机、电视和可穿戴设备上,这能从 Android Wear 的卡片视图上的图层和纹理看出来。Android TV 的颜色机制和整体设计语言也表现得很明显。终于,所有东西看起来都是同一个阵营的产品了。

苹果在这方面一直都做得很好。而且,苹果通过 OS X Yosemite 将其 UI 和 UE 目标的最好部分整合到整个生态系统中,同时又不让人觉得笨拙。iOS 8 本身是 iOS 7 的一次小完善。苹果在 iOS 7 中进行了大量改变,并用了一年时间将这些改变带到其他产品上,其中最主要的就是 OS X Yosemite。苹果手表上也有这些设计元素存在。

从视觉上看,iOS 和 Android 拥有类似的视觉语言和色彩搭配,但还是存在着巨大差别。这些差别主要体现在应用内的导航方式以及返回主屏幕的方式上。苹果以其 Home 键而著称,导航通常在应用内进行,且多存在于屏幕下方。

然而,iOS 和 Android 更大的差别还是在使用体验上。通过对 iOS 以及整个苹果生态系统的研究,可以发现苹果想要让用户尽可能简单、顺畅地完成任务。这一点在 iOS 8 一些较好的功能上表现得最明显,包括全新的"今日"屏幕插件、连通性和 Handoff 功能。只需往下一滑,用户就能获取天气、股票情况或进行计算,还可以轻松地在 Mac、iPad 或 iPhone 之间传递电子邮件或网站。

iOS 让用户能更快地完成工作,而且整个过程更顺畅了。而 Android 给人的体验则很不同。Lollipop 给人最大的感受是,Google 想要预判用户的下一步行动,以及在用户想到自己要什么之前猜到用户需要什么。因此,Google Now 在 Android 体验中扮演了重大角色。Android 现在不仅识别 OK、Google 等关键词(iOS 设备插入电源线时也可以通过 Hey SIRI 来激活 SIRI)来搜索或执行简单任务,Google Now 已经接管锁屏和通知视图,与整体体验融为一体,这与 Android Wear 上的 Google Now 体验一致。Android TV 上也有类似的基于上下文的预识别元素。在可穿戴设备和客厅中,Google Now 并不是很合适。它虽然奏效,但给人的感觉依然有点与整体体验脱节,而且太局限和太宽泛的感觉并存。另外,Google Now 给出的信息有时候很不精确。Lollipop 中的 Google Now 体验已经提升到处于整个操作系统的核心。相反,SIRI 更多的是作为后台应用存在,需要通过命令唤出。苹果的确用了一些 SIRI 的技术在"今日视图"中显示预约、旅行时间和天气信息,但在预测性分析上要保守得多。

2.2.3 移动终端设备

1. 智能手机

智能手机,是指像个人电脑一样,具有独立的操作系统、独立的运行空间,可以由用户自行安装软件、游戏、导航等第三方服务商提供的程序,并可以通过移动通信网络来实现无线网络接入手机类型的总称。智能手机的使用范围已经布满全世界,但不是人人都知晓与使用。因为智能手机具有优秀的操作系统、可自由安装各类软件(仅安卓系统)、完全大屏的全触屏式操作感这三大特性,所以完全终结了前几年的键盘式手机。其中 Google(谷歌)、苹果、三星、诺基亚、HTC(宏达电子)这五大品牌在全世界最广为皆知,而小米(Mi)、华为(Huawei)、魅族(Meizu)、联想(Lenovo)、中兴(ZTE)、酷派(Coolpad)、一加手机(Oneplus)、金立(Gionee)、天宇(天语,K-Touch)等品牌在中国备受关注。

智能手机的诞生,是掌上电脑(PocketPC)演变而来的。最早的掌上电脑并不具备手机通话功能,但是随着用户对于掌上电脑个人信息处理方面功能的依赖的提升,又不习惯于随时都携带手机和 PPC 两个设备,所以厂商将掌上电脑的系统移植到了手机中,于是才出现了智能手机这个概念。如图 2.16 为智能手机。

智能手机具有以下特点。

(1) 具备无线接入互联网的能力。即需要支持 GSM 网络下的 GPRS 或者 CDMA 网络的 CDMA1X 或 3G（WCDMA、CDMA-2000、TD-CDMA）网络，甚至 4G（HSPA＋、FDD-LTE、TDD-LTE）。

(2) 具有 PDA 的功能。包括 PIM（个人信息管理）、日程记事、任务安排、多媒体应用、浏览网页。

(3) 具有开放性的操作系统。拥有独立的核心处理器(CPU)和内存，可以安装更多的应用程序，使智能手机的功能可以得到无限扩展。

(4) 人性化。可以根据个人需要扩展机器功能。根据个人需要实时扩展机器内置功能，进行软件升级，智能识别软件兼容性，实现与软件市场同步的人性化功能。

图 2.16 智能手机

(5) 功能强大。扩展性能强，第三方软件支持多。

(6) 运行速度快。随着半导体业的发展，核心处理器(CPU)发展迅速，使智能手机运行越来越极速。

2．平板电脑

平板电脑也叫便携式电脑（Tablet Personal Computer），简称 Tablet PC、Flat PC、Tablet、Slates，是一种小型、方便携带的个人电脑，以触摸屏作为基本的输入设备。它拥有的触摸屏（也称为数位板技术）允许用户通过触控笔或数字笔来进行操作，而不是传统的键盘或鼠标。用户可以通过内建的手写识别、屏幕上的软键盘、语音识别或者一个真正的键盘实现输入。如图 2.17 所示为平面电脑。

图 2.17 平板电脑

平板电脑由比尔·盖茨提出，支持来自 X86（Intel、AMD）和 ARM 的芯片架构，平板电脑分为 ARM 架构（代表产品为 iPad 和安卓平板电脑）与 X86 架构（代表产品为 Surface Pro）。X86 架构平板电脑一般采用 Intel 处理器及 Windows 操作系统，具有完整的电脑及平板功能，支持 exe 程序。

2010 年，苹果 iPad 在全世界掀起了平板电脑热潮。2010 年平板电脑关键词搜索量增长率达到了 1328％，平板电脑对传统 PC 产业，甚至是整个 3C 产业都带来了革命性的影响。同时，随着平板电脑热度的升温，不同行业的厂商，如消费电子、PC、通信、软件等厂商都纷纷加入到平板电脑产业中来，咨询机构也乐观预测整个平板电脑产业。一时间，从上游到终端、从操作系统到软件应用，一条平板电脑产业生态链俨然形成，平板电脑各产业生态链环节快速发展。2010 年，中国 PC 销量达到 4858.3 万台，相比 2009 年增长 16.1％，其中平板电脑销量为 174 万台，占比约为 3.58％。随着平板电脑的快速发展，平板电脑在 PC 产业的地位将愈发重要，其在 PC 产业的占比也必将提升。从产业发展阶段来看，在2010—2012年3年时间里，平板电脑度过从诞生到成熟前的阶段，整个产业呈现快速上升的发展趋势。在这一时期，产业发展方向、市场规模、行业格局以及消费者需求都不明确，市场机会众多，产业链的每一个环节都会有新品牌出现。其中，硬件终端设备、服务内容提供和周边配套设备3个环节更为集中、明显。

就目前的平板电脑来说，最常见的操作系统是Windows操作系统、Android操作系统和iOS操作系统，下面就具体介绍这3种操作系统。

目前主流的Windows 7拥有基础版、家庭版、旗舰版等多个版本，全部是基于X86架构开发的操作系统，已经从最初简单的图形用户界面发展到现在拥有自己的文件格式以及驱动程序，成为用户最多，最被大家所接受的操作系统。Windows 8.1恢复了大家熟悉的"开始"按钮，这是一个清晰的Windows徽标。单击该按钮可以在Modern UI开始界面和传统桌面自由切换。Win8.1 Update中还将关机键放回了开始界面右上角。Windows 10新增了Multiple Desktops功能。该功能可让用户在同个操作系统下使用多个桌面环境，即用户可以根据自己的需要，在不同桌面环境间进行切换。开始屏幕界面个性化程度相比Windows 8.1有所提高，提供了更多磁贴尺寸和颜色选项，还有动画背景可供选择。在锁屏上，可以用幻灯片形式放映自己喜爱的照片，并可以拍摄照片（开始界面charm栏下可以修改）。也正因为它的流行，导致了它并不适合平板电脑，因为Windows操作系统是专门为个人电脑设计的，而非平板电脑，再加上用户在使用习惯上的惯性思维，导致它无论从软硬件配合还是使用感受等多个方面，都无法满足用户苛刻的要求。可以说在平板电脑平台上，Windows操作系统有一个好的基础，但是都无法发挥出相应的潜力。

Android是Google于2007年年底发布的基于Linux平台的开源手机操作系统，之后又加以改进用在了上网本和MID上。该平台由操作系统、用户界面和应用软件组成，号称是首个为移动终端打造的真正开放和完整的移动软件。简单地说，Android系统实际上是一个非常开放的系统，它不但能实现用户最常用的笔记本电脑的功能，还能够像手机一样实现各种具有特定指向性的操作，而且它是专门针对移动设备而研发的操作系统，在系统资源消耗、人机交互设计上都有着优势，是集各类传统与超前优势于一身的操作系统。

但Android也存在非常明显的缺陷，虽然Google与超过30家技术和无线应用的领军企业进行合作，希望在移动产业内形成一个开放式的生态系统，但不可否认Android现有的软件应用上的资源还存在着严重不足，杀手级应用少之又少，而且对于习惯了传统Windows操作系统的用户来说，上手到精通会是一个漫长的过程。所以能从目前的Android看到未来便携设备的发展趋势，但时间却是未知数。

iOS作为苹果公司为旗下产品开发的操作系统，随着iPad上市，它也一举被视为最适合平板电脑的操作系统。iOS是将触控操作这一概念真正发扬光大的操作系统，用户在界面上使用多点触控直接操作，控制方法包括滑动、轻触开关及按键等。系统互动包括滑动、轻按、挤压及旋转等。虽然它做得很好，但实际上iOS最被人称道的并不是多点触控，而是它流畅的人机交互以及苹果日渐庞大的资源库，苹果庞大的资源库实际上就是App Store提供的通过审核的第三方应用程序，以及通过Safari浏览器支持的一些第三方应用程序，即Web应用程序。除此之外，实际上还有一些非法的第三方软件已经可以在这套系统里面运行。而在应用程序之外，像电子书、音乐、电影电视等各类资源，都已经成了苹果的看家产品，并且已经获得世界范围内的成功。

其实 iOS 的好坏是非常容易判定的,如果是苹果产品的用户,那它绝对是最好的。而如果是传统用户上手并接受苹果的理念去适应它的模式,未必是最优的选择。

3. 便携式计算机

便携式计算机,俗称笔记本电脑(Note Book Computer,NoteBook),亦称笔记型、手提或膝上电脑(Laptop Computer,Laptop),是一种小型、可方便携带的个人电脑。笔记本电脑的质量通常重 1~3kg。其发展趋势是体积越来越小,质量越来越轻,而功能却越来越强大。如 Notebook,也就是俗称的上网本。笔记本电脑跟 PC 的主要区别在于其便携带性,如图 2.18 所示。

图 2.18　便携式计算机

超轻超薄是时下笔记本电脑的主要发展方向,但这并没有影响其性能的提高和功能的丰富。同时,其便携性和备用电源使移动办公成为可能。由于这些优势的存在,笔记本电脑越来越受用户推崇,市场容量迅速拓展。从用途上看,笔记本电脑一般可以分为 4 类:商务型、时尚型、多媒体应用、特殊用途。商务型笔记本电脑的特征一般为移动性强、电池续航时间长;时尚型外观特异,也有适合商务使用的时尚型笔记本电脑;多媒体应用型的笔记本电脑是结合强大的图形及多媒体处理能力又兼有一定移动性的综合体,市面上常见的多媒体笔记本电脑拥有独立的较为先进的显卡、较大的屏幕等特征;特殊用途的笔记本电脑是服务于专业人士,可以在酷暑、严寒、低气压、战争等恶劣环境下使用的机型,多较笨重。从使用的人群看,学生使用笔记本电脑主要用于教育和娱乐;发烧级笔记本爱好者不仅追求高品质的享受,而且对设备接口的齐全要求很高。

4. 掌上电脑

掌上电脑,又称为 PDA(Personal Digital Assistant),PDA 是个人数字助手的意思。顾名思义就是辅助个人工作的数字工具,主要提供记事、通讯录、名片交换及行程安排等功能。可以帮助人们实现在移动中工作、学习、娱乐等。按使用来分类,分为工业级 PDA 和消费品 PDA。工业级 PDA 主要应用在工业领域,常见的有条码扫描器、RFID 读写器、POS 机等,都可以称作 PDA;消费品 PDA 种类比较多,如智能手机、平板电脑、手持的游戏机等。

工业级 PDA 如图 2.19 所示。工业级 PDA 的特点就是坚固、耐用,可以用在很多环境比较恶劣的地方,同时针对工业使用特点进行很多的优化。catchwell CW30 工业级 PDA 支持 RFID 读写和条码扫描功能,达到 IP54 工业等级,这些是消费类手持终端所不具备的。

1) 条码扫描器

条码扫描器,又称为条码阅读器、条码扫描枪、条形码扫描器、条形码扫描枪及条形码阅读器,如图 2.19

图 2.19　条码扫描器

所示。它是用于读取条码所包含信息的阅读设备,利用光学原理,把条形码的内容解码后通过数据线或者无线的方式传输到电脑或者别的设备。广泛应用于超市、物流快递、图书馆等扫描商品、单据的条码。

条码扫描器通常也称为条码扫描枪/阅读器,是用于读取条码所包含信息的设备,可分为一维、二维条码扫描器。条码扫描器的结构通常为以下几部分:光源、接收装置、光电转换部件、译码电路、计算机接口。扫描枪的基本工作原理:由光源发出的光线经过光学系统照射到条码符号上面,被反射回来的光经过光学系统成像在光电转换器上,经译码器解释为计算机可以直接接受的数字信号。除按一维、二维条码扫描器分类外,还可分类为CCD、全角度激光和激光手持式条码扫描器。

2) 射频识别

射频识别,即 RFID(Radio Frequency IDentification)技术,又称电子标签、无线射频识别,是一种通信技术,可通过无线电信号识别特定目标并读写相关数据,而无需识别系统与特定目标之间建立机械或光学接触,如图 2.20 所示。常用的有低频(125~134.2kHz)、高频(13.56MHz)、超高频及无源等技术。RFID 读写器也分移动式和固定式,RFID 技术应用很广,如图书馆、门禁系统、食品安全溯源等。

3) 超高频 PDA

超高频 PDA 是用来读取 RFID 标签的,在读取超高频标签中具有很大的优势。超高频的电子标签在读写距离上有很大的优势,如图 2.21 所示。

图 2.20 射频识别

图 2.21 超高频 PDA

超高频的射频标签简称为微波射频标签,UHF 及微波频段的 RFID 一般采用电磁发射原理。主要有以下特点。

- 超高频(902~928MHz);
- 符合标准:EPC C1G2(ISO 18000—6C);
- 可用数据区:240 位 EPC 码;
- 标签识别符:(TID);
- 64 位工作模式:可读写。

掌上电脑的核心是操作系统,市场上的掌上电脑主要采用两类操作系统:一类是日趋完善的 Palm 操作系统,使用 Palm 系统的掌上电脑在世界市场份额中占到 65% 以上,主要有 Palm、IBM 的 Workpad、Sony 的 Clie 和 TRGpro、handspring 等;另一类则是微软

Windows CE 系列,虽然起步晚,但已经打破了 Palm OS 一统天下的局面,而且由于 Windows CE 授权比较广泛,国内大部分掌上电脑都是使用 Windows CE 系统,国内的联想、方正以及国外的 HP、COMPAQ 等公司都有 Windows CE 掌上电脑推出。作为两大操作系统,采用 Palm OS 的产品电池使用时间比采用 Windows CE 的产品长;配置彩色显示屏的产品没有单色显示屏产品的电池使用时间长;在多媒体性能上,Windows CE 要比 Palm 好一些;在操作界面与应用性能上,Windows CE 可以让用户更易上手;另外,在软件的数量上,Palm 要比 Windows CE 多一些。

除了以上两大操作系统外,掌上电脑的操作系统还有 Pocket PC、EPOC、Hopen、Penbex 和 Linux 操作系统。其主要应用领域为:

1) 物流快递

可用于收派员运单数据采集、中转场/仓库数据采集,采用扫描快件条码的方式,将运单信息通过 3G 模块直接传输到后台服务器,同时可实现相关业务信息的查询等功能。

2) 物流配送

典型的有烟草配送、仓库盘点、邮政配送,值得开发的有各大日用品生产制造商的终端配送、药品配送,大工厂的厂内物流、物流公司仓库到仓库的运输。

3) 连锁店/门店/专柜数据采集

用于店铺的进、销、存、盘、调、退、订和会员管理等数据的采集和传输,还可实现门店的库存盘点。

4) 鞋服订货会

用于鞋服行业无线订货会,基于 WiFi 无线通信技术,通过 PDA 手持终端扫描条码的方式进行现场订货,将订单数据无线传至后台订货会系统,同时可实现查询、统计及分析功能。

5) 卡片管理

用于管理各种 IC 卡和非接触式 IC 卡,如身份卡、会员卡等。卡片管理顾名思义就是管理各种接触式、非接触式 IC 卡,所以其使用的扫描枪主要的扩展功能为接触式、非接触式 IC 卡读写。

6) 票据管理

用于影院门票、火车票、景区门票等检票单元的数据采集。

2.3 二维码技术

二维码作为一种先进的应用,随着移动互联网和智能终端的普及快速发展,在媒体、产品质量、仓储物流等各行各业都有广泛应用。本节介绍二维码的基础知识和编码原理等知识。

2.3.1 二维码基础知识

二维条码或称二维码(2-Dimensional Bar Code)是用某种特定的几何图形,按一定规律在平面(二维方向上)分布的黑白相间的图形记录数据符号信息;在代码编制上巧妙地利用构成计算机内部逻辑基础的 0、1 比特流的概念,使用若干个与二进制相对应的几何形体来表示文字数值信息,通过图像输入设备或光电扫描设备自动识读以实现信息自动处理;它具有条码技术的一些共性:每种码制有其特定的字符集,每个字符占有一定的宽度,具有一定的校验功能等。同时还具有对不同行的信息自动识别功能并能处理图形旋转变化等。

国外对二维码技术的研究始于 20 世纪 80 年代末,在二维码符号表示技术方面已研制出多种码制,常见的有 PDF417、QR Code、Code 49、Code 16K、Code One 等。这些二维码的信息密度都比传统的一维码有了较大提高,如 PDF417 的信息密度是一维码 Code39 的 20 多倍。

二维码可以分为堆叠式、行排式二维条码和矩阵式二维条码。堆叠式、行排式二维条码形态上是由多行短截的一维条码堆叠而成;矩阵式二维条码以矩阵的形式组成,在矩阵相应元素位置上用点表示二进制 1,用空表示二进制 0,点和空排列组成代码,如图 2.22 所示。

 PDF417　　 Data Matrix

线性堆叠式二维码　　　　矩阵式二维码

图 2.22　线性堆叠式二维码和矩阵式二维码

在许多种类的二维条码中,常用的码制有 Data Matrix、Maxi Code、Aztec、QR Code、Vericode、PDF417、Ultracode、Code 49、Code 16K 等,如图 2.23 所示。

图 2.23　常用的二维条码

2.3.2　二维码编码原理

QR Code 是由日本 Denso(电装)公司于 1994 年研制的一种矩阵二维码符号码,全称 Quick Response Code,可看出,其特点是超高速识读。QR 用 CCD 二维条码识读设备,每秒可识读 30 个含有 100 个字符的 QR Code 码符号。QR Code 码用特定的数据压缩模式表示中国汉字和日本汉字,仅用 13 位即可表示一个汉字,比其他二维条码表示汉字的效率提高了 20%。

1. QR 码的特点

(1) 高速读取(QR 就是取自 Quick Response 的首字母)。对读取速度的体验源自于手机上的一个软件,如上面贴出的码图,通过摄像头从拍摄到解码到显示内容也就 3s 左右,对摄像的角度也没有什么要求。

(2) 高容量、高密度。理论上内容经过压缩处理后可以存 7089 个数字、4296 个字母和数字混合字符、2953 个 8 位字节数据、1817 个汉字。

(3) 支持纠错处理。按照 QR 码的标准文档说明,QR 码的纠错分为 4 个级别,分别是：level L,最大 7% 的错误能够被纠正；level M,最大 15% 的错误能够被纠正；level Q,最大 25% 的错误能够被纠正；level H,最大 30% 的错误能够被纠正。

(4) 结构化。看似无规则的图形,其实对区域有严格的定义。

2. QR 码的版本

QR 图的大小(size)被定义为版本(Version),版本号为 1~40。版本 1 就是一个 21×21 的矩阵,每增加一个版本号,矩阵的大小就增加 4 个模块(Module),因此,版本 40 就是一个 177×177 的矩阵。版本越高,意味着存储的内容越多,纠错能力也越强,如图 2.24 所示。

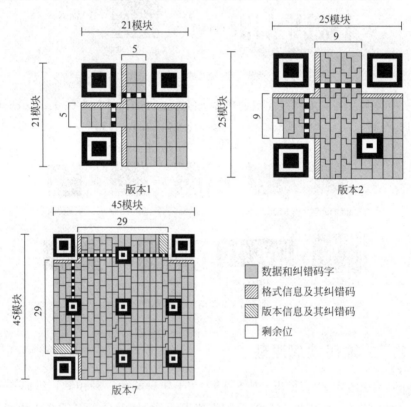

图 2.24　QR 码的版本

3. QR 码支持的编码内容

QR 码支持编码的内容包括纯数字、数字和字符混合编码、8 位字节码和包含汉字在内的多字节字符。其中：

数字：每 3 个为一组压缩成 10 位。

字母数字混合：每两个为一组，压缩成 11 位。

8 位字节数据：无压缩直接保存。

多字节字符：每一个字符压缩成 13 位。

4．QR 码的最大容量

QR 码的最大容量取决于选择的版本、纠错级别和编码模式(Mode、数字、字符、多字节字符等)。以版本 1 纠错级别为 Level Q 的 QR 码为例，可以存储 27 个纯数字，或 17 个字母数字混合字符或 11 个 8 位字节数据。如果要存储同样多的内容，同时提高纠错级别，则需要采用更高的版本。

5．模式标识符(Mode Indicator)

QR 码的模式(Mode)就是前文提到的数字、字符、8 位字节码、多字节码等。对于不同的模式，都有对应的模式标识符(Mode Indicator)来帮助解码程序进行匹配，模式标识符是 4 位的二进制数。

(1) 数字模式(numeric mode)：0001；

(2) 混合字符模式(alphanumeric mode)：0010；

(3) 8 位字节模式：0100；

(4) 日本汉字(KANJI mode)：1000；

(5) 中国汉字(GB2312)：1101。

示例：

对数据 01234567 编码(版本 1-H)。

(1) 分组：012 345 67。

(2) 转成二进制：012→0000001100

345→0101011001

67→1000011

当数据的长度不足 3 个数字时，如果只有 1 个数字则用 4 位，如果有 2 个数字就用 7 位来表示。

(3) 转成序列：0000001100 0101011001 1000011。

(4) 字符数转成二进制：8→0000001000。

(5) 加入模式指示符(数字)0001。

最后得到二进制串

0001 0000001000 0000001100 0101011001 1000011

2.3.3 二维码的应用

二维码应用如下。

1．手机购物

"以二维码为入口的移动超市"是移动终端普遍应用和电子商务模式趋向成熟的标志和产物。"移动超市"将移动电子商务推上一个新台阶，它主要研究开发基于移动终端的移动交易和商家营销应用,借助二维码作为通道,实现消费者随时随地快速浏览真实商品,快速购物。另外,项目还将提供多种支撑商家营销的应用,以简单、高效、安全、便捷的创新营销模式实现企业商家新客户开发、老客户维护、移动电子商务、会员营销、打折促销、新品推广、顾客和商家互动等传统营销活动。节约企业成本,为商家的广告、销售、促销、活动和客户反馈信息采集提供一体化解决方案。

在国内,由广东正全科技有限公司为广大企业商家实现"以二维码为入口的移动超市"而研发的产品——正全易推,为企业商家提供了一个手机电商平台,集专属二维码、App、企业网站、专用网络空间、域名、交流平台、购销平台及支付系统等功能为一体,商家可将所需的企业信息、产品介绍、优惠活动等以图文、音频或视频等形式上传到后台,形成独立的永久有效的二维码,方便顾客全方位了解商家的所有资讯,为商家打造一个移动超市。如图2.25所示为二维码销售区。

图 2.25　二维码销售区

2. 扫描二维码进入手机网站

用移动设备上的二维码扫描软件,可直接扫描二维码进入商家的手机网站,单击中意的产品,即可完成下单及支付,实现轻松购物的时尚理念。从企业商家、产业发展的角度来分析,"以二维码为入口的移动超市"的实施让企业商家的销售更具体明确,营销更便捷精准,企业商家投入较低的成本,就可获得较好的营销宣传效果,一站式解决企业商家营销的多种困境,拉动企业收入大规模增长,预计可直接或间接为企业增加20%～80%的收入。

从解决消费者消费需求的角度来分析,"以二维码为入口的移动超市"是一种消费革命,将改变消费者的消费习惯,让移动购物变得真实可靠,让用户作为产业链的一环参与到营销过程中,可实现双向交流,主动实现消费人群的精准定位。

3. 扫钱扫优惠

二维码还可制成电子优惠券,宣传物料上醒目的二维码,配以一句简洁的如"扫钱扫优惠"之类的广告语，便能吸引消费者掏出手机扫码一探究竟。人都是充满好奇心、追求实惠的，这种扫码获取优惠券享实惠的方式，不仅能够增加消费者与商家之间的互动，同时也能提高消费者对商家的兴趣，加深印象。

二维码电子优惠券较普通的纸质优惠券还有节约印刷成本、丰富宣传内容、便于"携带"等优势。纸质优惠券一旦印刷出来就无法更改，当优惠活动改变后，优惠券就得重新印刷，这是一笔很大的开销。而正全易推特有的二维码，支持优惠内容随时更改，但二维码本身始终保持不变，且内容可采用图文、音频、视频等各种形式相结合，还可直接链接进入商家专属网站，使优惠券信息丰富多彩。这样的二维码电子优惠券，不仅方便了商家对优惠券的管理，使优惠券宣传效果最大化，更方便了消费者将优惠券直接存储在手机中，避免了每次出门包包里都塞满各种优惠券的困扰。如图 2.26 所示为二维码优惠券。

图 2.26 二维码电子券

2.4 移动定位技术

移动电子商务的主要应用领域之一就是基于位置的服务 LBS（Location Based Services），它能够向旅游者和外出办公的人员提供当地新闻、天气及旅馆等信息。这项技术为旅游业、零售业、娱乐业和餐饮业的发展带来巨大的商机。移动定位技术是基于目前较为普及的 GSM/GPRS 无线网络覆盖对手机终端进行实时位置捕捉的新型技术，只要手机开机，能收到网络信号，那么用户所处的位置便能随时被掌握。

2.4.1 基于位置的服务

手机位置服务又称手机定位服务，是指通过移动终端和移动网络的配合，确定移动用户的实际地理位置，提供位置数据给移动用户本人或他人以及通信系统，实现各种与位置相关的业务。实质上是一种概念较为宽泛的与空间位置有关的新型服务业务。

手机定位服务是在无线状态下基于通信位置的定位服务。开通这项服务，手机用户可以方便地获知自己目前所处的准确位置，并用手机查询或收取附近各种场所的资讯。手机定位服务的巨大魅力正是在于能在正确的时间、正确的地点把正确的信息发送给正确的人。同时它还可以对手机用户进行定位，并对手机用户的位置进行实时监测和跟踪，使所有被控对象都显示在监控中心的电子地图上，一目了然。因此手机定位服务在无线移动的领域内具有广泛的应用前景，如图 2.27 所示为搜索"附近的家政服务"。

LBS 可以作为信息过滤技术，极大提高信息的精准度，但前提是信息本身和地理位置的紧密结合。位置是重要的元数据之一。以著名的大众点评网为例，可以归结出以下几点。

（1）选择商户。一方面需要收集大量的商户信息，如产品的影响力足够大，商户会主动提交；另一方面需要吸引用户评价商户，如餐厅的平均得分、平均消费和评价。这些信息在手机上难以完成，需要在互联网上的长期积累。

（2）查找并选择合理路线。如谷歌纵横和爱帮的公交查询，可根据起点和终点查询出行路线和选择合适的出行方式。

（3）地图导航。初级的可在地图中查看步行方向是否正确，高级的可以结合 GPS 直接全方位导航。

（4）到达目的地，选择服务。如用户签到和根据其他用户的推荐来点菜。

（5）评价商户。享受服务之后用户再产生信息。

这些也都只是 LBS 的基本功能应用，在 LBS 的支持下，细分市场的发展也非常迅速。LBS 在壮大自身的同时，和主流的社交网络、即时通信、搜索引擎，甚至电子商务都开始出现结合的契机。

图 2.27　二维码电子券

2.4.2　导航

手机导航(Mobile Navigation)就是通过手机的导航功能，把用户从目前所在的地方带到另一个想要到达的地方。手机导航就是卫星手机导航，它与手机电子地图的区别在于，它能够告诉用户在地图中所在的位置，以及要去的那个地方在地图中的位置，并且能够在用户所在位置和目的地之间选择最佳路线，并在行进过程中提示左转还是右转，这就是所谓的导航。

现在市面上的手机导航分为 3 类：第一类是真正的通过太空中的卫星进行 GPS 导航，精度在 3～5m；第二类是通过基站网络进行粗略的导航，称为 CELLID 导航，这种导航没有通过卫星 GPS 导航的精确，一般定位误差为 100m，如中国移动手机导航在室内定位时使用的就是该技术；第三类是 AGPS+CELLID+GPS 定位，这种导航最为精确，在室内默认是 CELLID 定位，在室外先利用 AGPS 搜到星图，达到快速定位，然后自动切换到 GPS 高精度定位并进行导航，如中国移动手机导航利用的就是这种技术。

1. 全球定位系统(GPS)

全球定位系统(GPS)是 20 世纪 70 年代由美国陆海空三军联合研制的新一代空间卫星导航定位系统。其主要目的是为陆、海、空三大领域提供实时、全天候和全球性的导航服务，并用于情报收集、核爆监测和应急通信等军事目的，是美国独霸全球战略的重要组成。经过 20 余年的研究实验，耗资 300 亿美元，到 1994 年 3 月，全球覆盖率高达 98% 的 24 颗 GPS 卫星星座已布设完成。

全球定位系统由 3 部分构成，如表 2.2 所示。

（1）地面控制部分。由主控站(负责管理、协调整个地面控制系统的工作)、注入站(在主控站的控制下，向卫星注入电文)、监测站(数据自动收集中心)和通信辅助系统(数据传输)组成。对于导航定位来说，GPS 卫星是一个动态已知点。星的位置是依据卫星发射的星历——描述卫星运动及其轨道的参数算得的。每颗 GPS 卫星所播发的星历是由地面监控系统提供的。卫星上的各种设备是否正常工作以及卫星是否一直沿着预定轨道运行,都要由地面设备进行监测和控制。地面监控系统的另一重要作用是保持各颗卫星处于同一时间标准——GPS 时间系统。这就需要地面站监测各颗卫星的时间求出钟差。然后由地面注入站发给卫星,卫星再由导航电文发给用户设备。地面监控系统监测站获取 GPS 数据,并将数据送至主控站。主控站控制、调度卫星。注入站将主控站的改正参数等注入每颗卫星。

表 2.2 全球定位系统的组成

系统结构		空间位置	组成和分布
全球定位系统	GPS 卫星星座	空间	由 21 颗工作卫星和 3 颗在轨备用卫星组成,24 颗卫星均匀分布在 6 个轨道平面内
	地面监控系统	地面	由分布在全球的 5 个地面站组成(包括 5 个监测站、1 个主控站和 3 个注入站,主控站和注入站都位于监控站里)
	GPS 信号接收机	用户	导航型接收机、测地型接收机、授时接收机

(2)空间部分。由 21 颗工作卫星和 3 颗在轨备用卫星组成。GPS 卫星星座记作(21+3)GPS 星座。24 颗卫星均匀分布在 6 个道平面上。

(3)用户装置部分。主要由 GPS 接收机和卫星天线组成。GPS 数据处理软件能够捕获到按一定卫星高度截止角所选择的待测卫星的信号,实时地计算出测站的三维坐标,甚至三维速度和时间。

GPS 的应用领域如表 2.3 所示。

表 2.3 GPS 的应用领域

应用领域		应用
野外勘测	测绘领域	地形图测绘、地壳变形测量、大坝和大型建筑物变形监测等
	资源勘查	GPS 为快速、高效地确定资源分布范围、估算储量和可开采量提供了技术支持。目前,GPS 广泛应用于海洋资源和陆地资源调查。其中,海洋资源调查包括海洋石油资源调查、海洋生物资源调查等,陆地资源调查包括森林资源调查、草场资源调查、耕地资源调查等
现代交通	汽车出租、物流配送	利用 GPS 对车辆进行跟踪、调度管理,选择最优路径,以最快的速度响应乘车和送货要求
	海洋航运	利用 GPS 为远洋船舶导航,指导船舶进港、离港
	民航	利用 GPS 指导驾驶员精确着陆,科学引导和安排飞机进港、离港,提高机场利用效率
旅游		游客携带 GPS 接收机,可以随时指导自己所在的位置、行走速度和方向,不会迷失方向。需要在野外宿营时,还可以借助 GPS 接收机快速找到合适的宿营地,减少不必要的麻烦
科学研究		地质学研究、生物学研究、海洋学研究、全球气候研究、水文学研究等,都把 GPS 作为重要的定位手段
军事		GPS 广泛应用于作战指挥、紧急搜救、军用舰船导航、军用飞机导航、火炮、低空导弹精确制导等领域。在快速、机动、精确的现代化战争中,GPS 正全方位地发挥着作用

2. 常用导航软件介绍

1) 图吧导航

首批获得电子地图牌照的北京图吧科技,是国内最专业的电子地图服务提供商之一,成立于 2004 年,是由国际著名风险投资机构联合投资的行业领先的高新技术企业。图吧科技创建了广大用户熟知的电子地图品牌——图吧,并且在手机地图、导航产品及服务上实现了国际级专业水准。图吧建立了业内最大的、更新及时的地图信息(POI)数据库和公交线路数据库,充分满足用户各类生活信息的查询和线路查询。具备在线高速浏览、快速查询、线路精准、导航优化、数据全面等显著特点。

图吧导航是图吧科技为手机用户开发的专业地图导航软件。强大的地点搜索及路线查询功能,帮用户快速找到餐馆、宾馆、银行、超市、商场、加油站等周边生活设施,并可选择公交、驾车、步行 3 种路线规划方式。同时提供专业实景语音导航,快速精准地将用户带到目的地,如图 2.28 所示为图吧导航的界面。

图吧提供的产品和服务主要包括为互联网用户提供地图搜索、位置查询和交通规划服务,为企业客户提供基于互联网的地图标注产品,为手机和汽车用户提供无线导航及公交服务,以及为行业客户提供基于 GIS 平台的行业应用解决方案。公司的网络地图标注产品正在成为中小服务型企业宣传的重要平台,手机地图和语音导航软件已经广泛地应用于各类移动终端和手持设备,基于 GIS 平台的行业解决方案也已经在电信、交通、银行等领域成功应用。

图 2.28 图吧导航界面

2) 凯立德导航

凯立德公司是一家以地理信息数据化为基础,以国土资源、系统平台、导航系统为三大业务支柱的高新技术企业,拥有导航电子地图制作(甲级测绘)资质和近百项专利及软件著作权。

在 GIS 应用领域,凯立德利用独创的空间信息处理技术,以数据可视化、思维可视化方式帮助客户全面了解地理信息的价值,并做出有远见的决策。按照国际软件工程标准,凯立德开发了具备自主知识产权的地理信息系统平台 I-Spatial、电子政务平台 X-Bridge,并在此基础上开发了国土资源管理信息系统、城市规划管理信息系统等系列软件产品。在地理信息数据化基础上,凯立德率先将业务范围从政府决策支持、行业应用延伸到个人 GPS 导航应用,继续引领产业发展。

自 1999 年进入导航领域以来,凯立德一路伴随中国导航产业的萌芽、起步与发展:1999 年开始进行导航软件的研发,在国内率先开发出拥有自主知识产权的导航引擎;2000 年开始研制中国导航地图;2005 年获得导航电子地图制作(甲级测绘)资质;2006 年发布全国第一张覆盖中国大陆所有行政区划的"全覆盖"导航电子地图;2007 年成为中国 GPS 移动导航系统第一品牌。2008 年,凯立德敏锐洞察到 GPS 导航市场的变化,率先提出细分市场概念,将产品线进行重新划分。基于不同的设计理念,以及各层次用户需求不同,凯立德总计推出三大系列产品,分别针对 GPS 入门新手、GPS 专业玩家以及 GPS 基本需求用户,在传承经典导航功能同时,率先研发出新一代智能向导引擎,全面提升用户体验。

3) 高德导航

高德是国内领先的数字地图内容、导航和位置服务解决方案提供商。自 2002 年起步以来,各项业务取得了高速发展,并于 2010 年 7 月 1 日在美国纳斯达克全球精选市场成功上市。

高德基于覆盖全国的、优质的导航地图数据库,以丰厚的技术积累,在产品、服务和商务模式上不断进行创新,构建起能够应对各种客户类型和产品形态的"地图云服务"平台,逐步形成了"四屏一云"的战略业务构架。

2008 年,高德集团宣布正式发布国内首款手机离线导航软件——高德导航。高德导航在全程导航过程中无需耗费数据流量,地图数据覆盖全国。界面提示丰富,语音指引清晰,界面操作美观,为用户提供了全方位的优质导航体验,打造出新一代手机导航软件。高德导航采用专业车载导航引擎、最智能的导航引导、最精准的地图数据、最人性的设计理念,搭载最前沿的 AR 导航、3D 实景导航、丰富的地图配色、完善的软件及数据升级方案、实时动态路况显示、云端数据同步等功能。新一代高德导航在搜索方面进行了全新优化并首推了"全国搜"功能,同时支持网络搜索。在路线规划时可设置多达 5 个途经点,全程规划一次搞定。并有"最佳路线"、"高速优先"、"经济路线"、"最短路线"多种路线供用户选择。导航过程中,经过路口时的自动缩放、全新的高速模式、引导路径的蚯蚓图、通过隧道的惯导、更加智能的语音提示,帮助用户快速准确到达目的地。如图 2.29 所示为高德导航界面。

4) 腾讯地图

腾讯地图是由腾讯公司推出的一种互联网地图服务。用户可以从地图中看到普通的矩形地图、卫星地图和街景地图以及室内景。用户可以使用地图查询银行、医院、宾馆、公园等地理位置,满足用户平时生活出行所需。通过腾讯地图的街景,用户可以实现网上虚拟旅

图 2.29 高德导航界面

游,也可以在前往某地之前了解该地点的周边环境,从而更容易找到目的地。同时,街景地图亦可为购租房屋提供参考信息。

2013 年 12 月 12 日,腾讯旗下地图产品正式更名为腾讯地图,以"怀抱梦想,勇于探索"为全新 Slogan,并以北极燕鸥为新的品牌 Logo。腾讯地图是腾讯公司提供的一项互联网地图服务,覆盖了全国近 400 个城市。2014 年 5 月 5 日,在北京召开的"全球移动互联网大会"(GMIC)上腾讯地图推出首款车联网落地产品路宝盒子,帮助用户对用车进行安全检查。2014 年 7 月 9 日腾讯地图更新"零流量地图"功能,覆盖安卓和 iOS 两大移动平台,2014 年 7 月 9 日,腾讯地图正式发布"零流量地图",覆盖安卓和 iOS 两大移动平台,成为业内首款实现真正零流量、全离线的地图产品,帮助用户轻松解决担心浪费流量不愿用地图的问题。零流量地图自身带有零流量模式开关,下载离线数据包后,用户可自行关闭流量使用地图浏览、地理定位、地点搜索、公交信息查询以及驾车导航等功能,即使在野外等弱网环境下或非服务区内也可以实现定位、找路、导航功能。据介绍,数据包体积较其他产品缩减达 60%,相同城市的离线数据远比市场同类产品更精简。

主要功能如下。

定位服务:快速灵活准确的定位,帮助用户在地图上找到所在的位置。

路线查询:提供打车、公交、自驾多种路线查询,支持全国近 200 个城市的出租估价、210 个城市的公交和近 400 个城市的自驾。

实时路况:查询城市主要道路的实时路况信息,驾车导航避免拥堵,支持多达 18 个城市。

周边查询:告诉周边最近的餐馆、酒店、加油站等,提供实时周全的吃喝玩乐地点信息。

使用手机腾讯地图的"找 TA",在通讯录选择联系人或输入对方的手机号码,便可给对方发出邀请短信,待对方接收到短信同意位置共享,双方就可以在手机地图上看到彼此的实时位置,双方的位置用不同颜色的两个点在地图上显示出来,地图上还能显示双方的距离。产品经理最初的设计构想是解决彼此约会时的碰面问题。后来产品经理发现,人们约好在一个陌生的地方见面时,容易产生焦虑或不安,会不由自主去想对方是否已经在路上,还有多久才能到,到了之后能否找到其所在的位置这些问题,在科技发达的今天都不应该是个问题。假设在手机地图上可以看到对方的实时位置,那么上述问题自然迎刃而解,于是实时位置的功能便由此产生了。

2016年3月腾讯地图新增功能如下。

好友聚会一同行:加入群租,实时位置一目了然;

趣味弹幕新玩法:好友群聊,导航吐槽两不误;

涂鸦地图能指路:路痴不用怕,好友涂鸦远程指导。

如图2.30所示为腾讯地图新功能。

图2.30 腾讯地图新功能

5)百度地图

百度地图是百度提供的一项网络地图搜索服务,覆盖了国内近400个城市、数千个区县。在百度地图里,用户可以查询街道、商场、楼盘的地理位置,也可以找到离用户最近的所有餐馆、学校、银行、公园等。

百度地图提供了丰富的公交换乘、驾车导航的查询功能,为用户提供最适合的路线规划。不仅能知道要找的地点在哪,还可以知道如何前往。同时,百度地图还为用户提供了完备的地图功能,便于更好地使用地图。

百度地图的功能主要如下。

(1) 百度地图的基本搜索功能

① 地点搜索

百度地图提供了普通搜索、周边搜索和视野内搜索3种方法,帮用户迅速准确地找到所搜索的地点。

② 公交搜索

百度地图提供了公交方案查询、公交线路查询和地铁专题图3种途径:①公交方案查询。百度地图提供公交方案查询,只需直接输入"从哪到哪",或者选择公交,便可查询公交方案,分为"较快捷"、"少换乘"和"少步行"3种方案,最多可有10条,并用不同颜色标明方案具体的路线。②公交线路查询。百度地图提供公交线路查询,直接输入公交线路的名称,便能看到对应的公交线路。提供查询所有途径的车站、运营时间和票价等信息。③地铁专题。百度地图还专为喜欢乘坐地铁的朋友提供了便捷的地铁专题页。

③ 驾车搜索

百度地图提供驾车方案查询(包含跨城市驾车),还能添加途经点。百度地图给汽车提供了驾车方案查询,在搜索框中直接输入"从哪到哪",或者选择驾车,并在输入框中输入起点和终点。此外,还可通过气泡或鼠标右键发起查询。百度地图将精确计算出驾车方案,并有"最少时间"、"最短路程"和"少走高速"3种策略。

(2) 百度地图步行导航功能

百度地图增加了对步行服务的导航,对于步行出行很重要的天桥、地下通道、人行道、广场、公园、阶梯等设施,能更智能、更准确地给出导航路线。且不断优化步行导航线路,做到照顾细微、精益求精,如图2.31所示为百度地图界面。

图 2.31 百度地图

2.5 移动电子商务主要实现技术

2.5.1 无线应用协议

无线应用协议 WAP(Wireless Application Protocol),是由 Motorola、Nokia、Ericsson 和 Unwired Planet 公司最早倡导和开发的,它的提出和发展是基于在移动中接入因特网的需要。WAP 是一种技术标准,融合了计算机、网络和电信领域的诸多新技术,旨在使电信运营商、Internet 内容提供商和各种专业在线服务供应商能够为移动通信用户提供一种全新的交互式服务。WAP 是开展移动电子商务的核心技术之一，它提供了一套开放、统一的技术平台，使用户可以通过移动设备很容易地访问和获取以统一的内容格式表示的因特网或企业内部网信息和各种服务。通过 WAP，手机可以随时随地、方便快捷地接入互联网，真正实现不受时间和地域约束的移动电子商务。

WAP 使移动 Internet 有了一个通行的标准，是一项全球性的网络通信协议。其目标是将 Internet 的丰富信息及先进的业务引入到移动电话等无线终端之中。WAP 定义可通用的平台，把目前 Internet 网上 HTML 语言的信息转换成用 WML（Wireless Markup Language）描述的信息，显示在移动电话的显示屏上。通过 WAP 技术，可以将 Internet 的大量信息及各种各样的业务引入到移动电话、Palm 等无线终端之中。无论何时何地，只要用户需要信息，就可以打开 WAP 手机，享受无穷无尽的网上信息或者网上资源。WAP 只要求移动电话和 WAP 代理服务器的支持，而不要求现有的移动通信网络协议作任何的改动，因而可以广泛地应用于 GSM、CDMA、TDMA、3G/4G 等多种网络。目前来看，WAP 的应用范围主要涉及三大方面：公众服务、个人信息服务和商业应用。①公众服务。可为用户实时提供最新的天气、新闻、体育、娱乐、交通及股票等信息。②个人信息服务。包括浏览网页查找信息、查址查号、收发电子邮件和传真，其中电子邮件可能是最具吸引力的应用之一。③商业应用。除了移动办公应用外，移动商务是最主要的应用之一，而股票交易、银行业务、网上预订机票及酒店等业务也逐渐被用户所接受并广泛使用。

1．应用和原理

用户可以借助掌上电脑、PAD、手机等智能设备，通过 WAP 获取信息。WAP 支持绝大多数无线网络，包括 GSM、CDMA、CDPD、PDC、PHS、TDMA、FLEX、ReFLEX、iDen、TETEA、DECT、DataTAC 和 Mobitex。所有操作系统都支持 WAP，智能设备在安装了微型浏览器后，借助 WAP 接入 Internet。微型浏览器文件很小，可较好地解决手持设备内存小和无线网络带宽不宽的限制。虽然 WAP 能支持 HTML 和 XML，但 WML 才是专门为小屏幕和无键盘手持设备服务的语言。WAP 也支持 WMLScript，这种脚本语言类似于 JavaScript，但对内存和 CPU 的要求更低，因为它基本上没有其他脚本语言所包含的无用功能。

2．WAP 协议

WAP（无线通信协议）是在数字移动电话、互联网或其他个人数字助理机（PDA）、计算机应用乃至未来的信息家电之间进行通信的全球性开放标准。支持 WAP 技术的手机能浏览由 WML 描述的 Internet 内容。WML 是以 XML 为基础的标记语言，用在规范窄频设备（如手机、呼叫器等）显示内容和使用者接口的语言。因为窄频使得 WML 受到部分限制，如较小型的显示器、有限的输入设备、窄频网络联机、有限的内存和资源等。WML 支持文字和图片显示，内容组织上，一个页面为一个 Card，而一组 Card 则构成一个 Deck。当使用者向服务器提出浏览要求后，WML 会将整个 Deck 发送至客户端的浏览器，使用者就可以浏览 Deck 里面所有 Card 的内容了，而不需要从网络上单独下载每个 Card。在 4G 网络普遍覆盖的情况下，可以流畅地通过手机、PAD 等观看视频，进行网上商务活动时，也不会因为下载图片速度慢而受到影响。

WAP 协议包括以下几种：

(1) 无线应用环境（Wireless Application Environment，WAE）；

(2) 无线会话协议（Wireless Session Protocol，WSP）；

(3) 无线事务协议（Wireless Transaction Protocol，WTP）；

(4) 无线传输层安全（Wireless Transport Layer Security，WTLS）；

(5) 无线数据报协议（Wireless Datagram Protocol，WDP）。

其中，WAE 层含有微型浏览器、WML、WML SCRIPT 的解释器等功能。WTLS 层为无线电子商务及无线加密传输数据时提供安全方面的基本功能。WAP 技术一个很重要的指导思想是让 WAP 尽可能与现有的标准一致，以最大限度地保护制造商和应用开发者的投资。在很大程度上利用了现有的 WWW 编程模型，应用开发人员可以继续使用自己熟悉的编程模型、利用现有的工具（如 Web 服务器、XML 工具）等。另外，WAP 编程模型还针对无线环境的通信特点，对原有的 WWW 编程模型进行了优化和扩展。在带宽方面，WAP 用"轻量级协议栈"优化现在的协议层对话，将无线手机接入 Internet 的带宽需求降到最低，保证了现有无线网络能够符合 WAP 规范。手机通过使用 WAP 协议栈可以为无线网络节省大量的无线带宽。目前，WAP 打开了一个新的通信领域，为无线网络提供了足够的技术标准基础，让互联网能够真正无所不在。WAP 目前主要使用 1.2 和 2.0 两个版本，后者是趋势，低端手机只能浏览 1.2 版本，主流的手机都已经支持 2.0 版本。有了 2.0 版本，使用手机浏览内容更生动，也可以像电脑站一样有背景音乐、背景图片，使原本单调的手机网页变得色彩斑斓。

WAP 2.0 的新特点：

(1) 采用新的 Internet 标准和协议；

(2) 对已有的 WAP 内容、应用和业务提供可管理的向后兼容性；

(3) 采用 XHTML MP，支持对 WML 1.0 的完全向后兼容。

WAP 2.0 的新技术：

(1) TLS 协议和无线身份识别模块技术（Wireless Identity Module，WIM）。

(2) TCP/IP 传送协议移动简本。

(3) 移动友好技术：包括 XHTML 的简本、层叠样式表（CSS）移动简本、用户个性喜好和设备能力介绍等。加强了无线电话应用（WTA）、Push 和用户代理描述（UAPROF）等业务功能。

WAP 2.0 的协议栈：

与 WAP 1.x 相比，WAP2.0 协议取消了 WSP、WDP，代之以 HTTP 和 TCP/IP，这种无线数据传输技术的改进带来了传输速率及传输可靠性的有效提高。

3. 技术特点

过去，无线 Internet 接入一直受到手机设备和无线网络的限制。WAP 充分利用了诸如 XML、UDP 和 IP 等 Internet 标准，它的许多规程建立在 HTTP 和 TLS 等 Internet 标准之上，但进行了优化，克服了原无线环境下低带宽、高延迟和连接稳定性差的缺点。原来的 Internet 标准诸如 HTML、HTTP、TLS 和 TCP 用于移动网络是远远不能满足要求的，因为有大量的文本数据信息需要传送。WAP采用二进制传输可以更大程度地压缩数据，同时它的优化功能适于更长的等待时间(Long Latency)和低带宽。WAP的会话系统可以处理间歇覆盖(Intermittent Coverage)，同时可在无线传输的各种变化条件下进行操作。WML和WML Script用于制作WAP内容，这样可以最大限度地利用小屏幕显示。WAP的内容可以从一个最新式的智能电话或其他通信器的两行文字的屏幕上显示出来，也可以转变为一个全图像屏幕显示。轻巧的WAP规程栈式存储器的设计可使需要的带宽达到最小化，同时使能提供WAP内容的无线网络类型达到最多。它适用于多种网络，诸如全球移动通信系统GSM 900、GSM 1800和GSM 1900。过渡性标准(IS)-136，欧洲制式DECT，时分多址接入，个人通信业务，高速寻呼(FLEX)和码分多址等。同时它也支持所有的网络技术和承载业务，包括短消息业务(SMS)、非结构式辅助业务数据(USSD)、电路交换蜂窝移动数据(DSD)、蜂窝移动数字分组数据(CDPD)和通用分组无线业务(GPRS)。由于WAP建立在可升级的分层结构基础上，每一个分层可独立于其他分层而发展。这就使得在不需要对其他分层进行改变的情况下就可以引进其他承载业务或使用新的传输规程。WAP使得那些持有小型无线设备(如可浏览Internet的移动电话和PDA等)的用户也能实现移动上网以获取信息。WAP顾及了那些设备所受的限制并考虑到了这些用户对于灵活性的要求。

2.5.2 移动IP

移动IP(Mobile IP)是由互联网工程任务小组(IETF)在1996年制定的一项开放标准。它的设计目标是能够使移动用户在移动自己位置的同时，无须中断正在进行的Internet通信。移动IP现在有两个版本，分别为Mobile IPv4(RFC 3344)和Mobile IPv6(RFC 3775)。目前广泛使用的仍然是Mobile IPv4。移动IP主要使用3种隧道技术(即IP的IP封装、IP的最小封装和通用路由封装)来解决移动节点的移动性问题。

移动IP技术对TCP/IP网络协议作了必要的补充使之支持网络外延的漫游功能。这样，人们在网络世界中，可以拥有唯一的网络IP地址与外界保持统一的通信。

1．移动IP的功能实体介绍

移动IP主要由3个功能实体组成。

(1) 移动节点MN(Mobile Node)。好比用户本人。从一个移动子网移到另一移动子网的通信节点(主机或路由器)。

(2) 本地代理HA(Home Agent)。好比用户的父母家。一个移动子网路由器，它是移动节点本地(不变)IP所属网络(本地网络)的代理，其任务是当移动节点离开本地网，接入某一外地网时，接收发往移动节点的数据包，并使用隧道技术将这些数据包转发到移动节点的转发节点。本地代理还负责维护移动节点的当前位置信息。

(3) 外地代理FA(Foreign Agent)。好比用户临时租的房子。外地代理位于移动节点当前连接的外地网络上，它向已登记的移动节点提供选路服务。当使用外地代理转交地址时，外地代理负责解除原始数据包的隧道封装，取出原始数据包，并将其转发到该移动节点。对于那些由移动节点发出的数据包而言，外地代理可作为已注册的移动节点的默认路由器使用。

转交地址 COA(Care of Address)好比移动用户租的房子的门牌号,是 MN 在外地网络中的 IP 地址,如图 2.32 所示为移动 IP 漫游系统的工作机制。

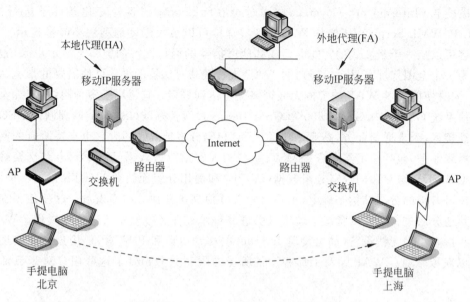

图 2.32　移动 IP 漫游系统的工作机制

首先,用户应在原网络中的本地代理移动 IP 服务器登记注册(只要一次登记注册便可终身受用)。当用户携带移动终端(如笔记本电脑)从北京到上海出差,至上海后用户将自己的电脑接入上海某企业局域网(有线网络或无线网络环境)中。然后,打开移动 IP 客户端软件,这时笔记本电脑会自动进行代理搜索,判断自己是否处于漫游状态。接下来,上海局域网中的移动 IP 服务器(外地代理)分配给该电脑一个转交地址。得到转交地址后,该用户的笔记本电脑要进行认证登录,认证成功后移动 IP 漫游系统就在北京与上海的两个移动 IP 服务器之间建立一条隧道。至此,该用户的笔记本电脑就可以通过外地代理与外界进行正常的网络通信。同时本地代理的移动 IP 服务器将北京其他与该用户联系的网络信息转发给上海的本地代理移动 IP 服务器,此时外地代理又将得到的信息转给该用户的笔记本电脑。

在此过程中,该用户的网络 IP 地址没有发生变化,并且与原网络保持了统一、双向、即时的通信联系。

2. 移动 IP 工作流程

(1) 移动代理(即外地/本地代理)通过代理通告报文通告它的存在。

(2) 移动节点根据获取的代理通告报文,判断出自己是在本地网络还是在外地网络。

(3) 当移动节点检测到它在本地网络时,它就不需要移动服务。如果它从外地漫游回来(曾向本地代理注册),则应该在本地代理上注销注册信息。

(4) 如果移动节点检测到已经漫游到外地网络,就在外地网络上获取转交地址 COA。外地代理 COA 通过外地代理通告获得,配置 COA 由外地网络分配获得。

(5) 移动节点离开本地网络后,通过发送注册请求报文、接收注册应答报文,向本地代理注册 COA,可以通过它的外地代理完成,也可以由移动节点直接完成。

(6) 发往移动节点本地地址的分组被本地代理拦截,使用隧道技术发往移动节点的 COA,在隧道的对端(外地代理或移动节点本身)拆封后转交给移动节点。

(7) 在相反的方向,当移动节点发送分组时,它使用标准的 IP 路由机制,无须本地代理的介入。

3．几项关键技术

1) 隧道技术

隧道技术有 3 个要素:被承载协议(管子里跑的是什么)、承载协议(是什么在支撑着管子)、承载方法(管子里跑的东西怎么装的箱)。

封装方法有 3 种:IP in IP 封装、最小封装、GRE 封装。

IP in IP:在传统的 IP 包外又封装了一层报头,协议类型字段设为 4,生存时间 TTL 字段要设一个足够大的值,保证能到达隧道出口。

最小封装:减少实现隧道所需要的额外字节数,实际上也是 IP 包外加 IP 报头,只不过去掉了内层 IP 头中冗余的部分,协议类型为 55。

GRE 封装:GRE 同前两种封装方式不同,不必支持 IP 协议,GRE 中有 Protocol Type 来区分不同网络层协议。

2) 代理搜索

ICMP(Internet Control Message Protocol)为 TCP/IP 网络中转发数据的保证机制。ICMP 路由器发现协议(ICMP Router Discovery Protocol,IRDP)让主机发现当前转发的路由器,利用此功能作为代理发现机制。消息类型包括代理广播消息和代理请求消息,代理广播消息是 HA 或 FA 周期性地发送广播,并含有自身参数,手机被动接收;请求代理是手机主动发送请求,这时其所在地的 FA 或 HA 要及时给予广播回应。

3) 注册

FA 向 HA 进行注册(MN 自身的 IP 就是在 HA 那里注册的 IP),FA 会将 MN 的信息传给 HA(这也是 MN 借助 FA 转发功能告诉自己的 HA 它的 COA 地址),并记录移动节点的 IP 与 Mac 地址的对应关系,为其转发数据;FA 与 HA 在这个过程中会协商一些参数,同时 HA 将移动节点的注册 IP 与 COA 地址形成映射。如果外网发一个数据包给 MN,Mobile IP 用的是间接转发机制,即数据会先传给 HA,HA 通过查表(注册 IP 与 COA 的映射关系)找到 MN 的 COA 地址,然后建立一条 HA 到 COA 的隧道,通过隧道传给 FA,再传到 MN。注册还能使一个快过期的 MN 重新注册,使 HA 知道最新的 MN 当前位置,若移动节点回到本地(即 HA 所在地),则还要进行注销的工作,然后用传统 IP 进行通信,解决频繁注册的问题。

4．移动 IPv4 和移动 IPv6 的比较

从技术上对移动 IPv6 与移动 IPv4 进行比较,移动 IPv6 的优势非常明显,主要体现在以下几个方面:

1) 地址数量

IPv4 地址空间为 32 位,而 IPv6 为 128 位,因此 IPv6 有着大量地址空间,将为全球数十

亿的用户提供足够多的地址,甚至允许大量私人 IPv6 地址的存在,这对于新兴的网络市场来说是非常诱人的。特别是充满生机的移动市场,采用 IPv6 之后,IPv4 中的网络地址翻译(NAT)将不再需要,这将使移动 IPv6 的部署更加简单直接。由于不再需要管理内部地址与公网地址之间的网络地址翻译和地址映射,使得网络的部署工作只需要管理比 IPv4 少的网络元素和协议。

2) 端到端的对等通信

现在互联网上 NAT 被广泛使用,绝大多数的应用都是基于客户端/服务器方式,这种状况完全无法满足人们对未来移动网络的要求,因为移动手机之间以及与其他网络设备之间的通信绝大部分都要求是对等的,因此需要有全球地址而不是内部地址,去掉 NAT 将使通信真正实现全球可达、任意点到任意点的连接及网络发起(Network-Initiated)的 IP 业务等,这对于未来蜂窝网络和互联网之间的互通(Interworking)来说是非常有益的,对这些网络的持续成功发展是至关重要的。

3) 结构层次

IPv6 不仅能提供大量的 IP 地址以满足移动通信的飞速发展,而且可以根据地区注册机构的政策来定义 IPv6 地址的层次结构,从而缩减路由表的大小。另外 IPv4 中的私有地址空间(如网络 10.0.0.0(RFC1918))在 IPv6 中依然存在,仍然可以通过地区本地地址和选路控制来定义某个组织的内部网络。

4) 内嵌的安全机制

对安全机制的定义是 IPv6 标准的一部分,而在 IPv4 标准中,安全问题是一个补充的可选部分。虽然两种 IP 标准目前都支持 IPsec(IP 安全协议),而且在今天的 IPv4 网络中已经使用了 IPsec,但是,IPv6 是将安全作为标准的有机组成部分,IPv6 的全球编址模式要求安全的部署应该在更加协调统一的层次上,而不是像 IPv4 那样通过叠加的解决方案来实现。通过 IPv6 中的 IPsec 可以对 IP 层上(也就是运行在 IP 层上的所有应用)的通信提供加密/授权。通过移动 IPv6 可以实现远程企业内部网(如企业 VPN 网络)的无缝接入,并且可以实现永远连接。

5) 自动配置

IPv6 中主机地址的配置方法要比 IPv4 中多,任何主机 IPv6 的地址配置包括无状态自动配置、全状态自动配置(DHCPv6)和静态地址。这意味着在 IPv6 环境中的编址方式能够实现更加有效率的自我管理,使得移动、增加和更改更加容易,并且显著降低了网络管理的成本。无状态自动配置是移动节点获得地址的重要方法,节点采用邻居发现机制自动获取独一无二的全球可路由地址,这种即插即用的地址配置方式不需要用户或者运营商进行人工干预,非常符合移动设备的上网要求;而全状态自动配置(如 DHCP)则要求增加一个服务器,同时也增加了运营和维护的工作。

6) 服务质量(QoS)

服务质量是一个各种因素的综合问题,从协议的角度来看,IPv6 与 IPv4 相比,增加的优点是能提供差别服务,这是因为 IPv6 的头标增加了一个流标记域,20 位长的流标记域使得任何网络的中间点都能够确定并区别对待某个 IP 地址的数据流,尽管目前流标记的确切使用方法尚未标准化,但可以肯定的是,它可以用来支持未来基于服务水平和其他标准的新的计费系统等。IPv6 还通过另外几种方法来改善服务质量,主要有提供永远连接、防止服务中断以及提高网络性能,更好的网络和服务质量将提升客户的满意度并且获得更高的回报。

7) 移动 IPv6 的移动性更好

移动 IPv6 实现了完整的 IP 层的移动性,特别是面对移动终端数量剧增,只有移动 IPv6 才能为每个设备分配一个永久的全球 IP 地址,由于移动 IPv6 很容易扩展,有能力处理大规模移动性的要求,所以它将能解决全球范围的网络和各种接入技术之间的移动性问题。

8) 移动 IPv6(MIPv6)的结构比移动 IPv4 更加简单,并且容易部署

由于每个 IPv6 的主机都必须具备通信节点(CN)的功能,当与运行移动 IPv6 的主机通信时,每个 IPv6 主机都可以执行路由的优化,从而避免三角路由问题。另外,与移动 IPv4 不同的是,移动 IPv6 中不再需要外地代理(FA)。IPv6 地址的自动配置还简化了移动节点 CoS(Care-of-Address)的分配。

2.5.3 蓝牙

蓝牙(Blue Tooth)是由 Ericsson、IBM、Intel、Nokia 和 Toshiba 等公司于 1998 年 5 月联合推出的一项短程无线连接标准。该标准旨在取代有线连接,实现数字设备间的无线互联,以确保大多数常见的计算机和通信设备之间可方便地进行通信。"蓝牙"作为一种低成本、低功率、小范围的无线通信技术,可以使移动电话、个人电脑、个人数字助理、便携式电脑、打印机及其他计算机设备在短距离内无需线缆即可进行通信。蓝牙支持 64kbps 实时语音传输和数据传输,传输距离为 10~100m,其组网原则是采用主从网络。蓝牙是一个开放性的无线通信标准,它取代了多种电缆连接方案,通过统一的短程无线链路,在各信息设备之间可以穿过墙壁或公文包,实现方便快捷、灵活安全、低成本、小功耗的语音和数据通信。它扩大了无线通信的应用范围,使网络中的各种数据和语音设备能互连互通,从而实现了个人区域内快速灵活的数据和语音通信,如图 2.33 所示。

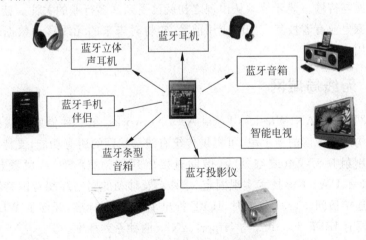

图 2.33 移动 IP 功能实体

蓝牙技术是一种无线数据与语音通信的开放性全球规范,它以低成本的近距离无线连接为基础。其实质内容是要建立通用的无线电空中接口(Radioair Interface)及其控制软件的公开标准,使通信和计算机进一步结合,使不同厂家生产的便携式设备在没有电线或电缆

相互连接的情况下,能在近距离范围内具有互用、互操作(Interoperability)的性能。

蓝牙技术的作用是简化小型网络设备(如移动PC、掌上电脑、手机)之间以及这些设备与Internet之间的通信,免去在无绳电话或移动电话、调制解调器、头套式送/受话器、PDA、计算机、打印机、幻灯机、局域网等之间加装电线、电缆和连接器。此外,蓝牙无线技术还为已存在的数字网络和外设提供通用接口以组建远离固定网络的个人特别连接设备群。

蓝牙的载频选用在全球都可用的2.45GHz工业、科学、医学(ISM)频带,其收发信机采用跳频扩谱(Frequency Hopping Spread Spectrum)技术,在2.45GHz ISM频带上以1600跳/s的速率进行跳频。依据各国的具体情况,以2.45GHz为中心频率,最多可以得到79个1MHz带宽的信道。在发射带宽为1MHz时,其有效数据速率为721kbps,并采用低功率时分复用方式发射,适合30ft(约10m)范围内的通信。数据包在某个载频上的某个时隙内传递,不同类型的数据(包括链路管理和控制消息)占用不同信道,并通过查询(Inquiry)和寻呼(Paging)过程来同步跳频频率和不同蓝牙设备的时钟。除采用跳频扩谱的低功率传输外,蓝牙还采用鉴权和加密等措施来提高通信的安全性。

蓝牙支持点到点和点到多点的连接,可采用无线方式将若干蓝牙设备连成一个微微网(Piconet),多个微微网又可互连成特殊分散网,形成灵活的多重微微网的拓扑结构,从而实现各类设备之间的快速通信。它能在一个微微网内寻址8个设备(实际上互联的设备数量是没有限制的,只不过在同一时刻只能激活8个,其中1个为主7个为从)。

蓝牙技术涉及一系列软硬件技术、方法和理论,包括无线通信与网络技术、软件工程、软件可靠性理论、协议的正确性验证、形式化描述和一致性与互联测试技术,嵌入式实时操作系统(Embedded RTOS)、跨平台开发和用户界面图形化技术,软硬件接口技术(如RS 232、UART、USB等),高集成、低功耗芯片技术等。蓝牙技术把各种便携式计算机设备与蜂窝移动电话用无线链路连接起来,使计算机与通信更加密切结合起来,使人们能随时随地进行数据信息的交换与传输。蓝牙技术从出现之初就已受到许多行业的关注。蓝牙技术在电信业、计算机业、家电业有着极其广阔的应用前景,它将对未来的无线移动数据通信业务产生巨大的推动作用。

2.5.4 无线局域网

无线局域网络WLAN(Wireless Local Area Networks)是一种借助无线技术取代以往有线布线方式构成局域网的新手段,可提供传统有线局域网的所有功能,支持较高的传输速率。它通常利用射频无线电或红外线,借助直接序列扩频(DSSS)或跳频扩频(FHSS)、GMSK、OFDM和UWBT等技术实现固定、半移动及移动的网络终端对因特网网络进行较远距离的高速连接访问。1997年6月,IEEE推出了802.11标准,开创了WLAN先河。目前,WLAN主要有IEEE 802.11x与HiperLAN/x两种系列标准。

2.5.5 通用分组无线业务

通用无线分组业务GPRS(General Packet Radio System)是介于第二代和第三代之间的一种技术,通常称为2.5G。GPRS采用与GSM相同的频段、频带宽度、突发结构、无线调制标准、跳频规则以及相同的 TDMA 帧结构。因此,在 GSM 系统的基础上构建 GPRS 系统时,GSM 系统中的绝大多数部件都不需要作硬件改动,只需作软件升级。有了 GPRS,用户的呼叫建立时间大大缩短,几乎可以做到"永远在线"。此外,GPRS 是以运营商传输的数据量而不是连接时间为基准来计费的,从而使为用户服务的成本更低。

1. GPRS 概述

1) 基本工作原理

GPRS 是在原有基于电路交换(CSD)方式的 GSM 网络上引入两个新的网络节点:GPRS 服务支持节点(SGSN)和网关支持节点(GGSN)。SGSN 和 MSC 在同一等级水平,跟踪单个 MS 的存储单元实现安全功能和接入控制,并通过帧中继连接到基站系统。GGSN 支持与外部分组交换网的互通,并经由基于 IP 的 GPRS 骨干网和 SGSN 连通。图 2.34 给出了 GPRS 与 Internet 连接的原理框图。

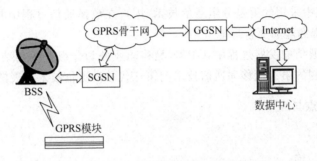

图 2.34 GPRS 与 Internet 连接的原理图

GPRS 终端通过接口从客户系统取得数据,处理后的 GPRS 分组数据发送到 GSM 基站。分组数据经 SGSN 封装后,SGSN 通过 GPRS 骨干网与网关支持节点 GGSN 进行通信。GGSN 对分组数据进行相应的处理,再发送到目的网络,如 Internet 或 X.25 网络。若分组数据是发送到另一个 GPRS 终端,则数据由 GPRS 骨干网发送到 SGSN,再经 BSS 发送到 GPRS 终端。

2) GPRS 分组交换技术

GPRS 技术位于第二代(2G)和第三代(3G)移动通信技术之间。通过利用 GSM 网络中未使用的 TDMA 信道,提供中速的数据传输。GPRS 突破了 GSM 网只能提供电路交换的思维方式,只通过增加相应的功能实体和对现有的基站系统进行部分改造来实现分组交换,这种改造的投入相对来说并不大,但得到的用户数据速率却相当可观。而且,因为不再需要中介转换器,所以连接及传输都会更方便容易。

GPRS 分组交换的通信方式在分组交换的通信方式中,数据被分成一定长度的包(分组),每个包的签名有一个分组头(其中的地址标志指明该分组发往何处)。数据传送之前并不需要预先分配信道,建立连接。而是在每一个数据包到达时,根据数据报头中的信息(如目的地址),临时寻找一个可用的信道资源将该数据包发送出去。在这种传送方式中,数据的发送和接收方同信道之间没有固定的占用关系,信道资源可以看作是由所有的用户共享使用。

由于数据业务在绝大多数情况下都表现出一种突发性的业务特点,对信道带宽的需求变化较大，因此采用分组方式进行数据传送能够更好地利用信道资源。例如一个进行 WWW 浏览的用户，大部分时间处于浏览状态，而真正用于数据传输的时间只占很小比例。这种情况下，若采用固定占用信道的方式，会造成较大的资源浪费。如图 2.35 所示为分组通信示意图。

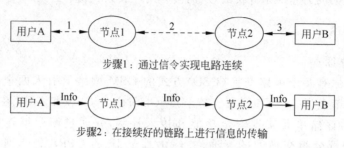

图 2.35　分组通信示意图

在 GPRS 系统中采用的就是分组通信技术，用户在数据通信过程中并不固定占用无线信道，因此对信道资源能够更合理地应用。

在 GSM 移动通信的发展过程中，GPRS 是移动业务和分组业务相结合的第一步，也是采用 GSM 技术体制的第二代移动通信技术向第三代移动通信技术发展的重要里程碑。

2．GPRS 的特点与应用

1）GPRS 的特点

（1）高速数据传输

速度 10 倍于 GSM，还可以稳定地传送大容量的高质量音频与视频文件，可谓不一般的巨大进步。

（2）永远在线

由于建立新的连接几乎无需任何时间（即无需为每次数据的访问建立呼叫连接），因此随时都可与网络保持联系，举个例子，若无 GPRS 的支持，当用户正在上网时恰有电话接入，大部分情况下用户不得不断线后接通来电，通话完毕后重新拨号上网。这对人们来说，是件非常恼火的事，而有了 GPRS，就能轻而易举地解决这种冲突。

（3）仅按数据流量计费

仅根据用户传输的数据量（如网上下载信息）来计费，而不是按上网时间计费。也就是说，只要不进行数据传输，就算一直"在线"，也无需付费。例如，在使用 GSM＋WAP 进行手机上网时，就好比电话接通便开始计费；而使用 GPRS＋WAP 上网则要合理得多，就像电话接通并不收费，只有通话后才计算费用。总之，它真正体现了少用少付费的原则。

2）GPRS 的应用

GPRS 与 WAP 组合是令"手机上网"迈上新台阶的最佳实施方案。GPRS 是强大的底层传输，WAP 则作为高层应用，如果把 WAP 比作飞驰的车辆，那么 GPRS 就是宽阔畅通的高速公路，任用户在无线的信息世界中随意驰骋。GPRS 可以在除蜂窝电话之外的多种设备中得以实现，包括膝上型电脑的 PCMCIA 调制解调器、个人数字助理的扩展模块和手提式电脑。当前流行的手提式 E-mail 设备 BlackBerry（黑莓）的制造商 Research in Motion

（RIM）与 Microcell Telecommunications 的 GSM 供应商合作，研究如何将 GPRS 用于其他无线系统消息的传送。

2.5.6 4G 网及其五大技术标准

随着数据通信与多媒体业务需求的发展，适应移动数据、移动计算及移动多媒体运作需要的第四代移动通信开始兴起。第四代移动通信及其技术简称 4G，是集 3G 与 WLAN 于一体并能够传输高质量视频图像，以及图像传输质量与高清晰度电视不相上下的技术产品。4G 系统能够以 100Mbps 的速度下载，比拨号上网快 2000 倍，上传的速度也能达到 20Mbps，并能够满足几乎所有用户对于无线服务的要求。而在用户最为关注的价格方面，4G 与固定宽带网络在价格上不相上下，而且计费方式更加灵活机动，用户完全可以根据自身的需求确定所需的服务。此外，4G 可以在 DSL 和有线电视调制解调器没有覆盖的地方部署，然后再扩展到整个地区。很明显，4G 有着不可比拟的优越性，在移动电子商务中发挥着重要的作用。

国际电信联盟（ITU）已经将 WiMax、HSPA＋、LTE 正式纳入 4G 标准，加上之前就已经确定的 LTE-Advanced 和 WirelessMAN-Advanced 这两种标准，目前 4G 标准已经达到了 5 种。

1）LTE

长期演进（Long Term Evolution，LTE）项目是 3G 的演进，它改进并增强了 3G 的空中接入技术，采用 OFDM 和 MIMO 作为其无线网络演进的唯一标准。主要特点是在 20MHz 频谱带宽下能够提供下行 100Mbps 与上行 50Mbps 的峰值速率，相对于 3G 网络大大提高了小区的容量，同时将网络延迟大大降低。由于目前 WCDMA 网络的升级版 HSPA 和 HSPA＋均能够演化到 LTE 这一状态，包括中国自主的 TD-SCDMA 网络也将绕过 HSPA 直接向 LTE 演进，所以这一 4G 标准获得了最大的支持，也将是未来 4G 标准的主流。该网络提供媲美固定宽带的网速和移动网络的切换速度，网络浏览速度大大提升。

2）LTE-Advanced

从字面上看，LTE-Advanced 就是 LTE 技术的升级版，LTE-Advanced 的正式名称为 Further Advancements for E-UTRA，它满足 ITU-R 的 IMT-Advanced 技术的需求，是 3GPP 形成欧洲 IMT-Advanced 技术提案的一个重要来源。LTE-Advanced 是一个后向兼容的技术，完全兼容 LTE，是演进而不是革命，相当于 HSPA 和 WCDMA 这样的关系。LTE-Advanced 的相关特性如下。

- 带宽：100MHz；
- 峰值速率：下行 1Gbps，上行 500Mbps；峰值频谱效率：下行 30bps/Hz，上行 15bps/Hz；
- 针对室内环境进行优化，有效支持新频段和大带宽应用；
- 峰值速率大幅提高，频谱效率有效改进。

如果严格地讲，LTE 作为 3.9G 移动互联网技术，那么 LTE-Advanced 作为 4G 标准更加确切一些。LTE-Advanced 的入围，包含 TDD 和 FDD 两种制式，其中 TD-SCDMA 能够进化到 TDD 制式，而 WCDMA 网络能够进化到 FDD 制式。移动主导的 TD-SCDMA 网络期望能够直接绕过 HSPA＋网络而直接进入到 LTE。

3) WiMax

WiMax(Worldwide Interoperability for Microwave Access),即全球微波互联接入,WiMax 的另一个名字是 IEEE 802.16。WiMax 的技术起点较高,WiMax 所能提供的最高接入速度是 70Mbps,这个速度是 3G 所能提供的宽带速度的 30 倍。对无线网络来说,这的确是一个惊人的进步。WiMax 逐步实现宽带业务的移动化,而 3G 则实现移动业务的宽带化,两种网络的融合程度会越来越高,这也是未来移动世界和固定网络的融合趋势。802.16 工作的频段采用的是无需授权频段,范围为 2~66GHz,而 802.16a 则是采用 2G~11GHz 无需授权频段的宽带无线接入系统,其频道带宽可根据需求在 1.5~20MHz 范围进行调整,目前具有更好高速移动下无缝切换的 IEEE 802.16m 技术正在研发。因此,802.16 所使用的频谱可能比其他任何无线技术更丰富,WiMax 具有以下优点:

(1) 对于已知的干扰,窄的信道带宽有利于避开干扰,而且有利于节省频谱资源。

(2) 灵活的带宽调整能力,有利于运营商或用户协调频谱资源。

(3) WiMax 所能实现的 50km 的无线信号传输距离是无线局域网所不能比拟的,网络覆盖面积是 3G 发射塔的 10 倍,只要少数基站建设就能实现全城覆盖,使无线网络的覆盖面积大大提升。

虽然 WiMax 网络在网络覆盖面积和网络的带宽上优势巨大,但是其移动性却有着先天的缺陷,无法满足高速(≥50km/h)下网络的无缝链接,从这个意义上讲,WiMax 还无法达到 3G 网络的水平,严格地说并不能算作移动通信技术,而仅仅是无线局域网的技术。但是 WiMax 的希望在于 IEEE 802.11m 技术上,将能够有效地解决这些问题。

4) HSPA+

HSPA+(High Speed Downlink Packet Access)即高速下行链路分组接入技术,而 HSUPA 即为高速上行链路分组接入技术,两者合称为 HSPA 技术,HSPA+ 是 HSPA 的衍生版,能够在 HSPA 网络上进行改造而升级到该网络,是一种经济而高效的 4G 网络。HSPA+ 符合 LTE 的长期演化规范,将作为 4G 网络标准与其他的 4G 网络同时存在,它将有利于目前全世界范围的 WCDMA 网络和 HSPA 网络的升级与过渡,成本上优势很明显。对比 HSPA 网络,HSPA+ 在室内吞吐量约提高 12.58%,室外小区吞吐量约提高 32.4%,能够适应高速网络下的数据处理,是 4G 标准的理想选择。

5) WirelessMAN-Advanced

WirelessMAN-Advanced(Wireless Metropolitan Area Network)事实上就是 WiMax 的升级版,即 IEEE 802.11m 标准,802.16 系列标准在 IEEE 正式称为 WirelessMAN,而 WirelessMAN-Advanced 即为 IEEE 802.16m。其中,802.16m 最高可以提供 1Gbps 无线传输速率,还将兼容未来的 4G 无线网络。802.16m 可在"漫游"模式或高效率/强信号模式下提供 1Gbps 的下行速率。该标准还支持"高移动"模式,能够提供 1Gbps 速率。其优势如下:①提高网络覆盖,降低链路预算;②提高频谱效率;③提高数据和 VoIP 容量;④低时延和 QoS 增强;⑤节省功耗。

目前的 WirelessMAN-Advanced 有 5 种网络数据规格,其中极低速率为 16kbps,低速率数据及低速多媒体为 144kbps,中速多媒体为 2Mbps,高速多媒体为 30Mbps,超高速多媒体则达到了 30Mbps~1Gbps。但是该标准可能会率先被军方所采用,IEEE 方面表示军方的介入将促使 WirelessMAN-Advanced 更快地成熟和完善。总之,WirelessMAN-Advanced 很有可能得到 ITU 的认可并成为 4G 标准。

2.6 二维码制作

本节通过实例介绍二维码制作的过程。

(1) 打开草料二维码网站 http://cli.im/，如图 2.36 所示，可以看到二维码制作的内容包括文本、网址、名片、文件、图片等。

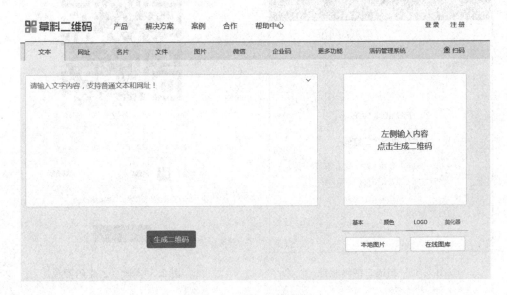

图 2.36　草料二维码主页

(2) 选择需要制作的选项(如文本)，在下面的文本框内输入内容，并单击生成二维码，则窗口的右侧出现了所需要的二维码，如图 2.37 所示。

图 2.37　生成二维码

(3) 扫描二维码验证其内容。用手机微信"扫一扫"功能，对准屏幕中的二维码，马上出现图 2.38 中的信息。至此一个简单的二维码制作完成。单击"下载"按钮，可以将二维码保存到手机或电脑。

（4）制作个性化二维码。单击"颜色"选项，可以随意选择二维码的前景色和背景色，如图 2.39 所示。但是要注意前景色要比背景色深，不然扫描容易出错。同时也可以将二维码加入个性化的 LOGO，单击 LOGO 选项，有本地图片和在线图片可供选择，可根据本人意愿随意选择。单击在线图片，如图 2.40 所示，单击喜欢的图像，则 LOGO 出现在二维码的中间。

图 2.38　扫描二维码验证

图 2.39　改变二维码颜色

图 2.40　给二维码加 LOGO

(5) 也可单击美化器,出现如图 2.41 所示的页面,根据个人的喜好和宣传的需求设置个性化的二维码。制作完要用手机扫描一下看是否能正确扫描。

图 2.41　个性化二维码设置

2.7　本章小结

本章全面介绍了与移动电子商务相关的技术,包括移动通信技术和移动互联网技术、移动操作系统和移动终端设备、二维码技术、移动定位技术和移动电子商务的主要实现技术,旨在让读者从技术层面对移动电子商务有全面深入的了解。

习题

1. 分析总结 iOS 系统和 Android 系统的优缺点。
2. 第 4 代移动通信网络的通信标准是什么？

第3章 移动电子商务价值链与商业模式

本章学习目标
- 掌握移动电子商务价值链的作用和盈利模式；
- 了解移动电子商务的商业模式。

3.1 移动电子商务价值链

价值链(Value Chain)，又名价值链分析、价值链模型等。美国哈佛大学商学院著名战略学家迈克尔·波特指出，企业内外价值增加的活动分为基本活动和支持性活动，基本活动涉及企业生产、销售、进料后勤、发货后勤、售后服务。支持性活动涉及人事、财务、计划、研究与开发、采购等，基本活动和支持性活动构成了企业的价值链，如图3.1所示。不同的企业参与的价值活动中，并不是每个环节都创造价值，实际上只有某些特定的价值活动才真正创造价值，这些真正创造价值的经营活动，就是价值链上的"战略环节"。企业要保持的竞争优势，实际上就是企业在价值链某些特定的战略环节上的优势。运用价值链的分析方法来确定核心竞争力，就是要求企业密切关注组织的资源状态，要求企业特别关注和培养在价值

图3.1 波特价值链

链的关键环节上获得重要的核心竞争力,以形成和巩固企业在行业内的竞争优势。企业的优势既可以来源于价值活动所涉及的市场范围的调整,也可来源于企业间协调或合用价值链所带来的最优化效益。

价值链列出了总价值,并且包括价值活动和利润。价值活动是企业所从事的物质上和技术上的界限分明的各项活动,这些活动是企业创造对买方有价值的产品的基石。利润是总价值与从事各种价值活动的总成本之差。

1. 移动电子商务价值链

波特的价值链分析是以制造业为原型,按照物质产品生产过程中所要涉及的流程和职能域划分的。但是大家知道,整个社会生产按照产品的形态可以分为有形的和无形的,有形的如物质产品,无形的有服务和信息(知识)。大家已经对有形产品的价值链以及信息在其中所起的作用有了初步认识,现在将重点放在服务和信息产品的特性及其生产过程。服务在于能了解顾客旨意:确切知道顾客的需求,并在适当的时间和地点,以客户满意的方式满足顾客;信息产品则是基于数据、信息、知识的整理、综合和深层次的挖掘,体现出的最主要特征就是知识化。大数据时代,这一点就显得更为重要,如何从大数据的分析中得出顾客的需求,并将其进一步细分,按照顾客的需求进行一对一的服务,是移动电子商务时代的新特征。

移动商务价值链在技术、法律和环境等方面面临着巨大变革,价值链逐渐被拆分和重构,并逐渐演化为价值网。很多研究对移动商务的价值链的参与者进行了识别和分析,同时给出了不同的分类方式。综合起来,可以将参与者分为用户、内容和服务相关、技术相关以及其他等;用户又包括个人用户、商业用户等;内容和服务相关的参与者通常指网络运营商、内容提供商、内容综合商、应用提供商、应用开发商和无线门户等;技术相关的参与者,指设备提供商、网络提供商、基础设施提供商和中间件/平台提供商等,还包括其他的参与者如法律机构和政府机构等。Stuart J·Barnes 提出移动商务价值链的增值活动和过程包括内容、基础设施与服务两类。内容增值包括提供原始内容的内容创作、处理成数字产品的内容包装和向最终消费者提供内容产品的市场等活动。基础设施与服务方面主要包括移动网络传输技术、移动界面和应用等活动。Ian 和 Janusz 等则把移动游戏的增值活动分为设备开发、游戏开发和游戏平台提供、无线网络提供、内容和应用集成、促销和定价等,可以看成是内容增值活动的进一步细化。

电子商务的价值链不在于技术本身,而是在于它所依附的商务模式,以及信息技术与传统商务模式的结合。这些最终取决于人们对信息技术的利用程度,包括信息的收集、分析、传输、共享。因此移动电子商务应用的,应该是知识和信息的生产、共享和传递不受时间和空间的限制,企业的主要活动不再着眼于降低成本、提高效率,而是创造价值和寻找新的价值增长点。移动电子商务价值链通过运用移动技术或通过移动运营服务的扩展和延展创造价值,以满足社会需求的活动或行为,构成创造性的、动态的、完整的或虚拟的价值实现链条。

从价值链上的形态分析,主要有以下几种情况:①移动电子商务用于全面提升价值链的各个环节,从而提高价值链的整体运作效率,这是目前制造业利用信息技术的普遍形态,随着信息技术应用的程度提高,将逐渐分化价值链,使得现实的价值链向虚拟的价值链发展,价值链的联系由实物形态发展到信息互连。②移动电子商务和传统业务相结合,增强或者创造新的价值链环,特别是关键价值活动,从而强化其竞争优势。③借助互联网,对信息进行收集、加工,提供信息咨询的新兴公司。

2. 移动电子商务价值链的作用

(1) 单个企业价值的体现需要经过其他价值链环节的合作才能实现,因此企业必须善于整合上下游资源。

(2) 一个企业要想在价值链上处于有利的位置,必须掌握和培养自己的核心竞争优势。

(3) 企业既要让消费者满意,也要让价值链上的合作伙伴满意。

(4) 企业要善于根据周围环境的变化和企业不同发展时期的特征和状态,不断转移价值创造的重心,将企业价值的创造集中在最能产生超额价值的活动上,从而获得超额价值。

3. 移动电子商务的盈利模式

根据利润在价值链上的来源环节,可以把移动商务的盈利模式分为以下几类:

(1) 生产成本的降低。企业通过开展内部电子商务,提高企业的素质和管理水平,从而压缩库存,降低制造成本,提高生产效率,最终降低总的运营成本而获利。这种电子商务的盈利模式应该成为国家企业和国民经济发展的主要方向。如美国生产重型机械的Caterpillar公司,实行电子商务之后,库存从40亿减到10亿,从而降低了成本,增加了利润。

(2) 第三方利润。企业通过电子商务,实现业务伙伴之间的供应链集成管理,绕过中间商,精减中间环节,缩短采购周期,从而降低采购成本和销售费用,降低运营成本,为企业创造新的利润来源,称之为第三方利润。美国通用电器公司的照明部自从将大部分手工采购转向在国际互联网上进行电子采购后,产生了积极的效应,既改善了服务,又节省了劳动力和原材料成本。该公司宣称,实施电子商务采购方式使采购人工成本节省30%,60%的采购人员被重新安排了工作,原材料采购成本平均降低了20%。

(3) 创造顾客价值。企业在电子商务下,通过整个的价值链整合,建立更快速的市场反应体系,真正实现以客户为中心的"有效客户反应"战略,从而准确获得消费者的需求并满足其需求,提供个性化的产品和服务,获得额外利润。

(4) 提供信息服务。作为第四大传播媒体的Internet,上面散布了各个领域和层面的信息,涉及政治、经济、科技、法律、文化及人类社会的各个方面,成为人们获取知识的主要渠道。因此企业可以利用电子商务的平台,开展网上信息服务。例如,美国一个青年建立了一个全美汽车批号数据管理系统,用于汽车的二手交易,任何人支付10美元的信息费,就可以获得汽车从出厂后几年的运行状况和修理状况,对于几百美元的汽车来说,10美元显然微不足道。互联网的商机是无限的,随着我国工业化进程的发展,需要互联网提供更多的信息服务,同时也创造了更多的机会。

3.2 移动电子商务商业模式

3.2.1 移动电子商务模式概述

1. 移动电子商务模式的内涵

移动电子商务是借助于移动技术,通过移动网络向用户提供内容和服务,并从中获得利润的商务活动。而商务活动中不同的参与者、服务内容和利润来源的组合就形成了不同的商务模式。在移动电子商务中,主要参与者包括:内容和应用服务提供商、门户和接入服务提供商、无线网络运营商、支持性服务提供商,以及终端平台和应用程序提供商;提供的主要服务包括新闻信息、定位服务、移动购物、娱乐等;可能的利润来源包括通信费、佣金、交易费等。当然还有各种广告费、提名费。这些参与者、服务内容和利润来源通过各种形式组合在一起就形成了移动电子商务的商务模式。

移动终端电子商务同传统电子商务相比,用户的属性、网络访问和消费行为等方面具有较大的差异。传统电子商务成熟与成功的地方,移动电子商务是不能完全直接使用的,只有注重用户特点看清产业发展趋势,合理地创新,才能开发新的移动电子应用项目。根据当前中国移动电子商务发展现状,除了要继续保持线上产品销售、信息服务、预定服务等基本盈利模式外,还要积极探索包括手机微博、微信、LBS、信息门户以及手机社区、手机游戏等的服务模式,给具有不同需求的用户提供个性化、多样化的服务,使移动电子商务产业的发展更加迅猛。

商业模式决定着企业的命运,成功的企业必然有成功的商业模式。移动电子商务的商业模式就是为了提升平台价值和聚集客户,针对其目标市场进行准确的价值定位,以平台为载体,有效整合企业内外部各种资源,建立起产业链各方共同参与、共同进行价值创新的生态系统,形成一个完整的、高效的、具有独特核心竞争力的运行系统,并不断满足客户需求、提升客户价值、建立多元化的盈利模式,使企业达到持续盈利的目标。

2. 移动电子商务模式的形成

移动商务模式是由移动商务价值链中的某几个部分相互合作而逐步形成的盈利模式。在移动商务模式形成过程中需要考虑很多的因素,如技术的标准、终端处理能力和带宽、消费者对于无形产品的消费态度、使用移动终端的环境、市场需求以及其他的参与者和竞争者等。移动商务模式随着技术的升级而不断扩充、完善和成熟,经历了从简单、种类少到复杂、种类多的变化。最大的变化就是从没有内容提供商的参与到内容提供商在整个商务模式中逐渐占据主要地位。现在大多数移动商务模式中,内容提供商是移动商务内容和服务的来源,也是移动商务实现商业价值的根本。同时,移动运营商的地位也发生了变化,由整个价值链的拥有者和管理者变成了简单的通信服务提供者,逐步失去了其在移动商务中的主导地位。最后只能通过向内容提供商出租网络资源生存,通过在内容提供商提供产品和服务的过程中收取佣金获得利润。

3. 移动电子商务模式的主要特征

根据 IDC 的移动互联网研究报告预测,2017 年全球移动支付的金额将突破 1 万亿美元。巨额的交易量意味着今后几年全球移动电子商务业务将呈现持续走强的趋势。面对迅猛发展的移动电子商务产业,移动互联网企业能否立足,关键取决于商业模式的创新。成功的商业模式不一定是技术上的创新,而可能是对企业经营某一环节的改造,或是对原有经营模式的变革和创新、业务流程的重组与再造,甚至是对整个企业经营模式的彻底颠覆。移动电子商务产业成功的商业应该具有以下几个特征。

1) 难以模仿

移动互联网企业要想在激烈的市场竞争中站稳脚跟,就必须建立独特的商业模式。独特的商业模式主要体现在竞争对手难以模仿。任何商业模式,无论其建立的如何完美,若竞争对手能轻易模仿,那么将难以保证企业在市场竞争中赢得主动,最终必将导致恶性竞争。要建立成功的商业模式,不能照搬照抄现有成功企业的商业模式,而要始终坚持创新的观念,只有这样才能真正构建具有独立特征的商业模式。商业模式创新要做到不被模仿,就要从客户需求出发,能为客户提供独特的价值;也可以从增强企业核心竞争力出发,整合外部资源,提高平台竞争力。因此,商业模式创新应与企业核心竞争力结合,才能创造独特的商业模式。

2) 提供价值

独特的价值,有时候表现为新的思想、新的模式。但是更多的时候,是能为客户提供良好的体验、更方便的服务,使得客户能用更低的价格获得同样的价值,物超所值、超越客户的期望,从而使客户成为忠实的客户。

3) 注重务实

成功的商业模式不是凭经验就能得来的,也不是简单照搬照抄就能解决的。而是要脚踏实地、实事求是,需要移动互联网企业对客户的消费行为、客户关注的利益和价值、市场竞争状况等有着正确的把握,而且商业模式创新要与企业资源能力相匹配,这样提炼出的商业模式不仅具有创新性,而且具有务实性和可行性。商业模式的创新不能为创新而创新,否则就难以设计出差异化的移动电子商务商业模式。

3.2.2 移动电子商务模式

1. O2O 模式

O2O 即 Online to Offline,是指将线下的商务机会与互联网结合,让互联网成为线下交易的前台,这个概念最早来源于美国。O2O 的概念非常广泛,只要产业链中既可涉及到线上,又可涉及到线下,就可通称为 O2O。

O2O 电子商务模式需具备五大要素:独立网上商城、国家级权威行业可信网站认证、在线网络广告营销推广、全面社交媒体与客户在线互动、线上线下一体化的会员营销系统。

一种观点是:一家企业能兼备网上商城及线下实体店两者,并且网上商城与线下实体店全品类价格相同,即可称为 O2O,如图 3.2 所示;也有观点认为,O2O 是 B2C(Business to Customers)的一种特殊形式。

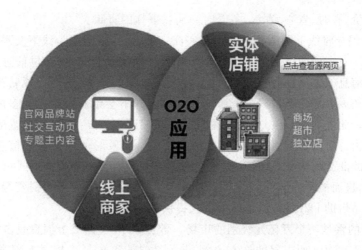

图 3.2 O2O 商业模式

在 1.0 早期的时候,O2O 线上线下初步对接,主要是利用线上推广的便捷性把相关的用户集中起来,然后把线上的流量导到线下,主要领域集中在以美团为代表的线上团购和促销等领域。在这个过程中,主要存在着单向性、黏性较低等特点。平台和用户的互动较少,基本上以交易的完成为终结点。用户更多是受价格等因素驱动,购买和消费频率也相对较低。发展到 2.0 阶段后,O2O 基本上已经具备了目前大家所理解的要素。这个阶段最主要的特色就是升级为服务性电商模式:包括商品(服务)、下单、支付等流程,把之前简单的电商模块转移到更加高频和生活化场景中来。由于传统的服务行业一直处在一个低效且劳动力消化不足的状态,在新模式的推动和资本的催化下,出现了 O2O 的狂欢热潮,于是上门按摩、上门送餐、上门生鲜、上门化妆、滴滴打车等各种 O2O 模式开始层出不穷。在这个阶段,由于移动终端、微信支付、数据算法等环节的成熟,加上资本的催化,用户出现了井喷,使用频率和忠诚度开始上升,O2O 开始和用户的日常生活融合,成为生活中密不可分的一部分。但是,在这之中有很多看起来很繁荣的需求,由于资本的大量补贴等,虚假的泡沫掩盖了真实的状况。有很多并不是刚性需求的商业模式开始浮现,如按摩、洗车等。到了 3.0 阶段,开始了明显的分化,一个是真正的垂直细分领域的一些公司开始凸现出来。例如专注于快递物流的"速递易",专注于高端餐厅排位的"美味不用等",专注于白领快速取餐的"速位"。另外一个就是垂直细分领域的平台化模式发展,由原来的细分领域的解决某个痛点的模式开始横向扩张,覆盖到整个行业。例如"饿了么"从早先的外卖到后来开放的"蜂鸟系统",开始正式对接第三方团队和众包物流。以加盟商为主体,以自营配送为模板和运营中心,通过众包合作解决长尾订单的方式运行。配送品类包括生鲜、商超产品,甚至是洗衣等服务,实现平台化的经营。

相对于传统的电子商务而言,O2O 真正实现了随时随地的信息交流和贴身服务,"任何人在任何地点、任何时间可以进行任何形式的"电子商务。在 3G 真正商用化之前,1G、2G 的移动网络并不能承载起同互联网的有效互动,缺乏电子商务活动所需要的种种要求。

O2O 这种在线支付购买线下的商品和服务,再到线下享受服务的模式也被证实可以很快被消费者接受。以手机扫码购物为代表的新型购物模式已成为一种流行的消费方式,通过"快拍二维码"扫描商品条形码即可找到线上商城和线下超市、便利店的所有商品信息,实时手机扫码比价,省时、省心、省钱,备受时尚购物群体的青睐。

O2O 这种倡导将线上的消费者带到现实商店中,让互联网成为线下交易前台的模式正成为一种潮流。对本地商家来说,O2O 模式要求消费者网上支付,支付信息会成为商家了解消费者购物信息的渠道,方便商家对消费者购买数据的搜集,进而达成精准营销的目的,更好地维护并拓展客户。通过线上资源增加的顾客并不会给商家带来太多的成本,反而会带来更多利润。此外,O2O 模式在一定程度上降低了商家对店铺地理位置的依赖,减少了租金方面的支出。对消费者而言,O2O 提供丰富、全面、及时的商家折扣信息,能够快捷筛选并订购适宜的商品或服务,且价格实惠。对服务提供商来说,O2O 模式可带来大规模高黏度的消费者,进而能争取到更多的商家资源。掌握庞大的消费者数据资源且本地化程度较高的垂直网站借助 O2O 模式,还能为商家提供其他增值服务。

O2O 打开的将是一个万亿元级别的市场。数据显示,美国线上消费只占 8%,线下消费的比例依旧高达 92%;而中国的这一比例,分别为 3% 和 97%。相对 B2C 模式来说,O2O 具有如下优势:

(1) 由于是线下体验服务,所以相对信任度更高,成交率也更高。

(2) 对于连锁加盟型零售企业来说,能顺利解决线上线下渠道的利益冲突问题,而 B2C 模式无法避免线上和传统加盟商的渠道冲突,尤其是价格上的冲突。

(3) 对于生活服务类来说,具有明确的区域性,消费者更精准,线上推广传播更有针对性。

(4) 能将线下的服务优势更好发挥,具有体验营销的特色。例如,某发饰连锁加盟企业的核心优势是购买产品免费终身盘发,但是由于是连锁加盟,门店只对区域内会员服务,这是 B2C 模式无法解决的问题。

(5) 通过网络能迅速掌控消费者的最新反馈,进行更好的个性化服务和获取高黏度重复消费。

(6) 对于连锁加盟型企业来说,对于加盟商的管控会更方便和直接,能将品牌商、加盟商和消费者三者的关系更加紧密化。

2. 信息服务模式

移动电子商务中一种比较常见的服务是信息服务,包括各种实时信息服务(如新闻、天气、股票信息等)、各种基于位置的信息服务(如移动用户附近酒店信息、娱乐场所信息等),以及各种紧急信息服务。

在这种商务模式中,主要的参与者是内容和应用服务提供商、无线网络运营商和用户;主要的服务是信息服务;主要的利润来源是用户交纳的服务预订费。内容服务提供商通过无线网络运营商向移动用户提供各种信息服务。用户通过交纳一定的服务费获得这些服务,无线网络运营商通过传输信息而获得通信费。另外,根据与内容服务提供商签订的协议,无线网络运营商还会以佣金的形式获得内容服务提供商的利润分成。

用户交纳服务费的方式可以按时间计费或按流量计费。按时间计费可以是按年、月或星期,一般都是以月为单位;按流量计费可以根据获得服务的次数或获得服务内容的多少,如移动用户希望获得附近的酒店信息,可以根据其获得的短信条数交纳费用,也可以根据获得多少个酒店的信息付费。

无线网络运营商收取通信服务费也有两种方式：信息流量费和佣金。无线网络运营商通过与内容服务提供商协调，确定收费模式。可以按照信息流量收取通信费用，如根据短信条数进行收费，也可以根据与内容服务提供商达成的协议，从所有服务费中收取一定比例的佣金。

所以在这个模式中，移动用户是服务的享受者，也是利润的来源；无线网络运营商提供了服务实现的途径，获取信息服务费和佣金；内容服务提供商提供各种服务信息，也是利润的主要获得者，占到总利润的 80%~90%，可以说是最大的赢家。

3．广告模式

1) 移动广告模式的运作模式

在有线网初期，至少在广告被看作是所有利润来源的时候，广告就已经暴露出了它的局限性，然而，至今它仍然是内容提供商赚取高额利润的有效途径。由于移动设备的屏幕小，与有线网相比就需要目的很强的广告。例如用户找饭店的时候，将与其查询内容相关性最好的广告发给他，将其所在地附近饭店的优惠券同时也发给他。当然，很多服务的提供过程是需要收集用户的偏好信息的，例如根据用户的偏好，把与用户所在地或其他相关的属性（时间、所在地的天气等）敏感广告发给用户。那么在多种信息的同时引导下，用户就更容易接受所推销的产品。这种商务模式涉及广告客户、内容提供者、无线网络运营商和客户，其中还涉及一些中间商，如无线广告代理商、内容集成商、移动门户网站和无线网络接入商等。表面上看来，广告模式中广告客户支付给内容提供商一定的费用，内容提供商再与无线网络运营商之间进行利润分配，而实际上，移动用户才是利润的来源。移动用户通过购买产品和服务，将利润过渡给广告客户，而广告客户只是将其获得利润的一部分以广告费的形式付给内容服务提供商。内容提供商通过将推销信息添加到发给移动用户的内容和服务中，以获得广告费。无线网络运营商则通过为内容提供商提供无线传输服务获得通信费或利润分成。

2) 移动广告模式中广告费用的支付形式

(1) 固定收费

通过协议等方式，广告提供商在一定时间（一般以年、月为单位）内登载广告客户的广告，而广告客户向广告提供商交纳一定金额作为广告费。这种收费方式最简单，也最容易被采纳。

(2) 基于访问次数收费

跟有线网一样，根据广告客户的信息被显示出来的次数收费。一般以千次或百万次为计费单位。不同的是，当广告客户的广告被显示的次数相同时，与有线网上做广告相比，广告客户愿意支付的费用要多得多。这是因为移动终端设备显示屏很小，广告信息更容易引起移动客户的注意，广告的成功率也就越高，广告客户由此获得的收益也更大。

(3) 基于效果收费

有线网也有类似的收费模式，广告客户通常要求所支付的费用能够反映其实际收益。通常是根据用户做出特定动作的次数计费，如根据用户点击广告的次数计费等。也可能是按照订购某种服务的次数计费，或按实际销售额计算佣金等。由于这种方式能够反映广告客户的实际效益，所以广告客户更容易接受。

3) 移动广告模式中广告的传递方式

广告模式除了在广告费支付方面比较复杂外，广告的传递方式也可分为推动式和拉动式两种。

(1) 推动式

把广告作为促销信息或提示信息发给用户。这种方式涉及用户隐私、消费者权益、消费者容忍度等问题,所以在采用这种方式之前应该首先征得用户的同意,而且,即使在用户的同意下发广告,也要慎重考虑,避免侵害用户权益方面的纠纷。

(2) 拉动式

把广告信息随同用户所检索的内容传输给用户。此时广告传递是发生在用户查询相关信息情况下的,而且所传递的广告和用户所需要的信息具有很高相关性,一般可以看作所查询信息的补充。例如用户通过查询所在地附近的电影院信息时,将相关广告随同其所要的信息发送给他们,而不是在用户没有提出任何需求时就发给他们。

尽管无线广告受到广告内容少、费用高等因素的制约,但是无线广告的效果可能更好,这也使得广告商对无线广告领域很看重。随着第三代网络技术的发展和成熟,不仅广告费用有降低的可能性,而且可以提供多种类型的广告内容。这样一来,无线广告就会成为广告提供商竞相争夺的市场。

4. 免费模式

所谓免费模式,是指商家利用大众乐于接受"天上掉馅饼"的心理,借助免费手段销售产品或服务建立庞大的消费群体,塑造品牌形象,然后再通过配套的增值服务、广告费等方式取得收益的一种新的商业模式。这种商业模式本身的成本很低,而"免费"的金字招牌对顾客有着无穷的吸引力,能在短时间内使企业迅速占领市场,扩大知名度。

1) 免费模式类型

尽管现有的免费模式花样繁多,从免费到实现利润的路径也大相径庭,究其根本,可以总结为两大类型。

(1) 平台打造与产品加载

把本就拥有巨大价值的知识资源积累整合在一起形成模式运行所必需的知识库。这一方法已经被网络产品及媒体广泛应用,如人人网的礼物商城和免费地铁报都是很好的典范。不少企业采用免费模式获取客户信息,不仅打通了与客户之间的需求链和信任关系,而且为未来的产品开发指明了方向。例如许多大企业都设立了专门接待参观的部门,表面上看企业做了赔钱的买卖,但它带来的影响力绝非一般广告能比。

(2) 品牌扩展与交叉带动

① 部分免费是企业品牌扩展最常用的方法,这种方法能够自动识别不同的客户,实现多级价格歧视带来的剩余利润,并通过增加与顾客之间的接触宽度而达到盈利目的。例如,在淡季时,美国不少航空公司会推出象征性支付购买机票活动,消费者可以用1美元购买几百公里航程的机票,但如果需要托运行李和其他相关服务,则要支付高昂的费用。

② 相比部分免费模式,全部免费似乎让企业失去了盈利的可能,但是只要产品的质量足够可靠,前期的免费产品成本完全可以通过提高顾客忠诚度的方式收回,以小球带动大球转的方式帮助企业找到盈利的空间。例如早期吉列的做法是赠送或以低价出售剃刀,然后以较高的价格出售刀片盈利。

2) 免费模式的盈利支撑

电子商务只有实现了盈利才能够持续发展下去,免费电子商务模式在拥有了庞大的用户基数后,企业在电子商务的运营过程中,不同的免费模式有着不同的盈利方式。

(1) 交叉补贴模式

交叉补贴策略是利用互补产品之间存在的密切联系实行综合定价,以赢利产品的收入来补贴因优惠价格出售产品而带来的损失,从而促进互补产品的销售,获取更大赢利。通俗来讲就是通过有意识地以优惠甚至亏本的价格出售一种产品,而达到促进销售赢利更多的产品的目的。著名管理学家迈克尔·波特把前一种产品称之为基本产品,后一种产品称之为盈利产品。

腾讯就是交叉补贴的典型代表,如图 3.3 所示。它从免费的电子商务模式开始成长,采用"直接交叉补贴"的免费模式,向用户推出免费的即时通信业务,通过互联网增值业务(如QQ 秀、QQ 空间、QQ 宠物等)、移动通信增值服务(如手机 QQ、超级 QQ、微信等)、大量的合作商与广告商(如网络广告、CF、LOL 等)等渠道盈利。

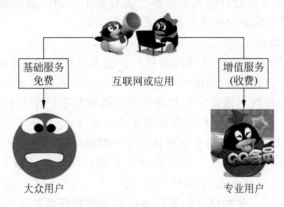

图 3.3 免费模式

(2) 广告赢利模式

广告盈利模式也就是第三方平台模式,相较于直接交叉补贴,对于消费者而言,广告赢利模式更像真正意义上的免费。这是一个基于发行商、消费者、广告用户的三方市场,其盈利的基本逻辑是发行商为消费者提供免费的产品,消费者用时间和注意力来换取这些免费的产品,并成为广告的对象,然后发行商把用户"卖"给广告用户。大家之所以能在网上看到免费的消息和视频,能下载免费软件,报纸杂志之所以如此便宜,原因就在于:那些需要接触消费者的第三方为大家的消费买了单。例如谷歌的按点击率付费的文本广告、雅虎的按页面浏览量付费的横幅广告、亚马逊按交易付费的会员广告、衍生出 SEO 行业的百度竞价排名等,这都是广告盈利策略中网络广告的应用。在这些情况下,消费者可以享受真正的免费产品和服务,因为发行商并不指望从用户身上收钱,他们可以借此使用多种方式来盈利。

(3) 免费+收费模式

免费+收费模式指先免费聚集潜在消费人群,在足够基数的用户人气下,再来开发付费人群,在庞大的用户基数的基础上,只要 1% 的用户愿意付费,那么服务其他 99% 用户的成本几乎能够忽略不计。最流行的方式是:企业提供一个软件的初级版本供用户免费试用,然后对高级版本收费,将部分免费用户转化为愿意为更好的服务买单的用户。例如电子邮箱,可以免费获得一定的存储空间,但如果想要更多空间,就必须付费。

3) 免费模式的误区

有些企业认为免费是百试百灵的方法,所以不加区别到处滥用,结果造成一笔笔毫无回报的营销投资。

误区一:认为任何市场都适用免费模式。通过灵巧的设计,免费模式的适用范围可以很广。一般而言,免费模式适用的市场至少具有客户数量众多、市场足够庞大和产品边际成本低、市场影响力大的特点。

误区二:认为任何服务都适用免费模式。免费模式的适用范围具有鲜明特征,即企业必须确保免费平台有足够强大的吸引力和加载产品或服务的能力,即使无法实现产品或服务的加载,企业平台上的信息也应该具有开发价值。

误区三:认为只要顾客接受免费产品的吸引就成功了。免费模式的难点和关键点是由免费向收费的过渡,企业需妥善处理,否则很容易引起顾客的强烈反感而得不偿失;实施全部免费模式的企业则要确保免费模式中能够传递有利于后期产品销售的信息,对顾客心理产生正面影响,并通过高质量的收费产品巩固成果。

4) 如何经营免费模式

(1) 分析产品特性,满足免费经营的条件。企业实施免费模式必须确保产品或服务满足三个条件,即用户数量足够多、增值空间足够大以及能够有效绑定客户。

(2) 准确定位目标市场。准确定位市场的重要性体现在两个方面——节约成本和塑造品牌,尤其是免费产品的提供需要大量成本作支撑。此外,企业还可以把免费产品作为一种营销手段,进行"病毒式"传播,有利于在目标受众中塑造品牌形象。

(3) 从价值链中深挖顾客需求。实施免费模式的传统企业要敢于打破常规思维,从满足客户需求的角度出发,不断创新增值服务项目。

(4) 着眼于价值创造。免费模式的最终目标是为顾客提供系列产品或成套服务解决方案,所以企业需要整合产品和服务,打开后续市场。免费的产品或服务可以通过新价值来弥补,只要新价值足够高,前端产品即使全部免费也能盈利。

(5) 坚守"免费"承诺。针对部分免费模式,企业必须对其免费的产品和服务坚守承诺,免费之后的收费服务应该是在不伤害顾客信任的基础上,让顾客心甘情愿地为增值服务支付合理的价钱,只有这样他们才会愿意把品牌信息传播给其他人。

3.3 基于位置的服务体验

"京东到家"App是京东官方推出的一款移动生活服务应用软件,外卖、零食、水果、蔬菜等,手机一点,十分钟送到门口,从此再也不用去超市排队了。这款软件主打的是便捷购物、快速送达,打造一个社区类购物软件平台。本节就以京东到家购物为例,体验基于位置的服务。

(1) 进入App Store下载并安装京东到家,注册账号或者用京东账号登录。

(2) 开启手机中的定位选项,则系统会自动显示出用户目前所在的位置,并显示周边的相关商品信息。如图3.4所示,京东到家主页中显示出"超市便利"、"水果生鲜"、"美食"、"外卖"、"医药健康"、"鲜花"等大众日常需要的各种产品分类。下面则显示了秒杀活动的商品和其他商品的促销信息。

(3) 单击"超市便利",进入下一个页面,列出附近的商家,选择感兴趣的商家,单击进入,选择自己需要的商品。例如秒杀商品"鸡蛋",单击"加入购物车",如图3.5所示。

图 3.4 京东到家 App 主页和位置定位

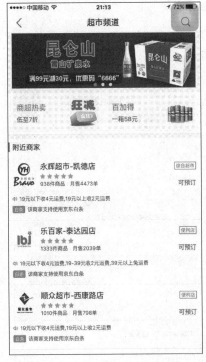

图 3.5 选购商品

(4) 也可在搜索栏输入自己需要的商品(例如"酸奶")进行搜索,则系统会显示周边出售的酸奶信息,选择自己需要的商品,加入购物车,如图 3.6 所示。

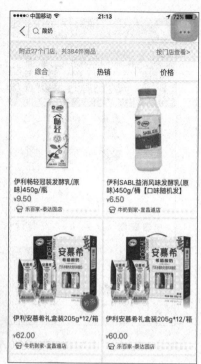

图 3.6 搜索商品

(5) 全部商品选择完毕后,进入购物车结算,在订单结算页面,填写具体收货地址、联系人和联系电话等,进行支付并结算,如图 3.7 所示。

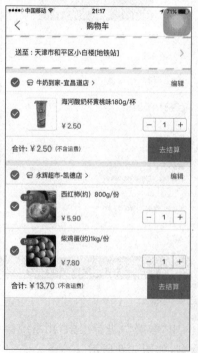

图 3.7 商品结算

3.4 本章小结

本章探讨了移动电子商务价值链和商业模式及它们之间的关系,移动电子商务的商业模式在不断的探索和发展之中。电子商务的价值链不在于技术本身,而在于它所依附的商务模式,以及信息技术与传统商务模式的结合。这些最终取决于人们对信息技术的利用程度,包括信息的收集、分析、传输、共享。

习题

请列出一到两种本书之外的其他移动电商商务模式。

第 4 章 移动营销

本章学习目标
- 了解移动电子商务营销的特点和发展现状及趋势；
- 学习移动广告的内容和广告形式；
- 了解平台级 App 营销的特点。

移动营销是指利用手机为主要传播平台，基于定量的市场调研，深入地研究目标消费者，全面地制定营销战略，通过对各种营销工具和手段的系统化结合，根据不同的移动场景进行即时性的动态修正，直接向分众目标受众定向和精确地传递个性化即时信息，通过与消费者的信息互动达到市场沟通的目标，营销主客体双方在交互中实现价值增值。在强大的数据库支持下，利用手机通过无线广告把个性化即时信息精确有效地传递给消费者个人，达到"一对一"互动营销的目的。

4.1 移动营销概述

移动营销早期是指手机互动营销或无线营销。现在是指面向移动终端用户，在移动终端上直接向分众目标受众定向和精确地传递个性化即时信息，通过与消费者的信息互动达到市场营销目标的行为。随着互联网技术的不断发展、智能手机的更新换代、移动电子商务的蓬勃发展，移动营销形式随之不断创新，细分市场的营销需求逐步提升"技术进步推动移动端程序化购买进程"。

随着中国移动电子商务的蓬勃发展，中国移动营销呈井喷趋势。根据资料显示，2015 年中国移动营销市场规模超 900 亿元人民币，2018 年市场规模预计达 2879.6 亿元人民币，如图 4.1 所示。

4.1.1 移动营销的特点

1) 高度精准性

在浩瀚人海中如何锁定与自己项目相匹配的目标人群并将新信息有效传播？借助手机报刊、短信、微博、微信等投放平台，通过精准匹配将信息实现四维定向（时空定向、终端定向、行为定向、属性定向），传递给与之相匹配的目标群体。

2) 高度的便携性和黏性

移动终端具有先天的随身性，实用有趣的手机应用服务让人们的大量碎片化时间得以

图 4.1 移动营销市场规模

有效利用,吸引越来越多手机用户参与其中;平台的开放性也给手机用户更多个性化的选择;基于信任的推荐将帮助企业打造出主动传播的天然 SNS(Social Networking Site),快速形成品牌黏度。

3) 成本相对低廉

在目前全球金融危机的压力下,降低企业营销成本,拓展企业市场成为迫切需求。基于移动互联网络的移动营销具有明显的优势,以其低廉的成本、广泛的受众规模成为企业提升竞争力、拓展销售渠道、增加用户规模的新手段,并受到越来越多企业的关注。由于具有移动终端用户规模大,不受地域、时间限制,移动营销以其快捷、低成本、高覆盖面的特点与优势迎合了时代潮流和用户需求,成为新财富时代的一个重大机遇和挑战。

4) 拉近企业与客户的关系

企业把自己的产品、服务通过 App、公众平台等植入客户的手机里面,企业就可以即时和目标客户互动并获取他们的信息,也随着与其互动的进一步加深,客户对于企业的信任不断增加,关系不断加深。

5) O2O 运营模式

移动互联网营销不再是传统互联网的线上对线下单向营销,而是线上线下的联动营销,而且这个联动是相互的、双向的。这个特征使得移动互联网营销的营销模型和传播模型都是循环的,即成交从营销的结束变成了营销的第二次开始。

4.1.2 移动营销发展历程

在移动营销发展之初,营销方式相对简单,移动广告主要是短信、彩信和 WAP 的形式。社会化媒体则以 QQ 空间、博客、论坛等形式。移动购物类的平台以淘宝网为代表。随着移动网络技术和移动电子商务产业的蓬勃发展,移动营销市场高速发展,各种营销技术不断完善,产业链逐渐成熟。移动广告的形式主要有搜索广告、视频广告、原生广告等。社会化媒体以微信、微博等为载体。移动购物平台多样化,有团购、O2O、综合类电商等。

现阶段,移动营销进入高速增长期,营销形式逐渐多样化,社会化媒体营销、移动整合营销、移动大数据营销及程序化购买成为关注重点,利用移动互联网的私人性和场景化等优势,通过大数据技术对用户信息进行全面有效的利用,整合各种生态资源,构建更完善的移动营销生态链,如图 4.2 所示。

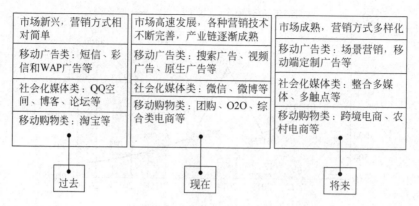

图 4.2　移动营销发展历程

4G 的推出加速了移动互联网营销,迎来整个移动互联网的变革,4G 给用户带来了更好的消费体验,将有效地激发用户需求,改变用户在移动互联网使用上的行为习惯,随时随地下载 App、用手机看视频、玩联网游戏、移动购物等高流量消耗行为的门槛将不断降低。一些新的依托于 4G 的展现广告形式和技术等都将成为下一波移动互联网营销的发力点,也引发了移动实时竞价广告的提升。在移动端,广告主会把实时竞价广告看作是取得规模效应的最好方式。由于移动端屏幕小,因此广告需要注重好的用户体验,故原生性移动内容营销会兴起,与移动互联网上相关应用匹配的内容,可能延展成为原生营销服务。因此,品牌要创造可以随时随地浏览的内容,这意味着创作移动友好型格式、更短和可行的博客文章,以及考虑你的受众将使用什么设备来访问你的内容。

4.1.3　移动营销的发展趋势

1) 移动技术会给本地广告商户与其潜在用户的沟通渠道带来巨大的变革

在线广告的确已经给很多公司带来了不错的营销效应,但却不一定是独立小型企业最好的选择。网络广告在规模上具有可控性,并且能够在很大程度上有的放矢地完成营销。一些基于地理定位(GPS)的服务给这些小规模的针对性很强的营销者们提供了一些颇具吸引力的新选择。例如,Foursquare 允许小型商家根据用户与店面的物理距离来提供不一样的促销活动,这些促销可以针对用户周边的环境、朋友、个人喜好等。与之相类似的一款服务,Gowalla 则实验性地将印有商家品牌的徽章和礼品结合在营销中。用户可以通过在某一个特定的地点来登记和领取自己的徽章来赢取奖品。谷歌也在积极地将本地商户在 Google Map 上的信息移植到移动平台上。广告商可以设置自己的 Google Map 页面,加入相关促销活动,甚至在页面中加入二维条形码从而引导用户访问他们的页面。这些例子仅仅只是简要地描绘出了在移动平台上出现的与本地商户相关的广告,应该会看到更多有创意的营销方式出现。

2) 支持移动购物的应用程序会逐渐成熟

由于在移动终端消费变为可能,传统入店购物的消费者行为将会受到极大影响。市面上已经有一大批的手机应用程序可以使消费者的购物过程变得更有效率,也更有意思。一系列类似于 Shop Savvy、Red Laser、Amazon Mobile 之类的 Application 可以让人们在手机上进行商品价格比较。非常实用的一个功能是,这些 Application 让人们可以在附近店面买得到的某种商品和同类商品的网购价格进行比较。对于市场营销而言,这种类型的 App 可以很有效地将某种产品和品牌灌输给潜在用户,并且在用户的购买决策过程中起到关键的作用。当然,还有常见的手机可下载的打折促销券都在积极地和小型商家合作。随着消费者对手机营销的接受度不断增长,这种正处于上升趋势的社会变革将是营销人员不可错失的市场机遇。

在购买之前查看手机的行为也会给商家们带来一个新的营销平台,商户们可以给用户们发送基于客户之前购物记录历史的更为个性化的购买建议。所有上述应用程序将会给客户关系管理,特别是品牌忠诚度培养带来前所未有的渠道和机遇。

3) 广告商的户外展示平台将成为另一个与消费者沟通的渠道

户外广告曾经是广告行业中最难衡量投入产出比的一个形式。人们以不同的速度、形式路过户外广告牌,使得广告投放商很难知晓到底谁看了广告,而谁又真正被影响了。

手机在很大程度上改变了广告商对于用户品牌忠诚度的预测。利用手机或其他便携设备,曾经被动的广告观看者可以实实在在地和广告进行交互。例如,丰田发布了一个 iPhone App 可以让用户在纽约时代广场的大型电子显示屏上画画。耐克的 Chalkbot 能够让自行车迷们通过短信来给环法自行车的赛车手们发送支持信息。Vans 的 Be Here 让用户们提交与品牌相关的视频、照片或者短信,从而可以在时代广场上的大型数码显示屏进行展示。综上所述,移动终端就像是胶水一样将户外和网络联系在了一起。事实上,真正有潜力的户外广告是将数码世界和物质世界结合起来的。这将潜移默化地使得曾经针对性较低的大众媒介的广告变成了基于个人用户手机使用行为的个性化的、有的放矢的营销。

4) 消费者也拥有了随时随地发表自己看法意见的权利

尽管大众常常是非理性的,但营销人员不可忽视他们无处不在的话语权,特别是当手机、iTouch 等便携设备已经成为了他们的麦克风时。在一个前所未有的数量级上,用户们使用移动发布平台(例如推特等)即时地分享和广播他们对于产品、服务和品牌的评论。

最好的公司已经通过倾听并且基于用户的反馈作出相应改变来完成这个营销回路。有些更是精心设计应用和相关服务来收集这些用户意见。Taxihack 是一个能让乘客实时评论纽约市出租车司机服务的应用。SeeClickFix 和 CitySourced 都让用户们可以使用移动应用向政府部门来报告路上的坑洞或是不雅的墙上的涂鸦。AT&T 在苹果 iPhone 上使用了一个类似的应用,来让用户们报告他们遇到的无线信号较弱的地区。

这些移动应用的影响力主要来自于客户回馈。通用影院利用一个短信回复平台来获得观众们对于电影预告片的评论和评分。即时的回复让影院更准确地了解到观众对于影片的反馈。不管是在移动平台上特别设计一个用户回馈渠道,或者是依赖于 Twitter 一类的即时评论平台,一个日渐清晰的事实是更多的品牌将建构并且完善用户的回馈回路。大家所面临的挑战其实更多的来自企业内部,即如何设立一个有效的平台来确保企业能够听到用户的声音并且基于回馈有所作为。

艾媒咨询(iiMedia Research)数据显示,2013 年中国移动广告平台市场整体规模为 25.9 亿元,同比增长 144.3%,预计中国移动广告平台未来增长将趋于平稳,到 2018 年,市场规模有望达到 227.1 亿元,如图 4.3 所示。

图 4.3 2011—2018 中国移动广告平台市场规模

4.2 移动广告营销

移动广告是通过智能手机、平板电脑等移动设备访问移动应用或移动网页显示的广告。与传统的广告传播媒介不同,移动广告具有定向、精准、定点、高效等特点,被誉为是"唯一与受众 24 小时亲密接触的媒体平台"。移动互联网的快速发展自然也催生了商机,大量的用户和移动终端载体为移动广告提供了良好的生长环境。

4.2.1 中国移动广告发展概况

艾媒咨询数据显示,从 2014 年起,移动广告市场增速均保持在 100% 以上,移动广告市场中短信、彩信广告占比逐年下降,预测到 2018 年仅剩 1.5%,短信、彩信广告将逐渐退出舞台。另一方面,移动搜索广告和 App 广告发展迅猛,艾媒咨询分析师预测,到 2018 年,移动广告市场将主要由 App 广告(40.9%)和移动搜索广告(37.6%)构成。数据显示,63.5%的中国手机网民很少主动点击移动广告,但仍有 43.1%的用户愿意参与步骤简单的广告互动。广告形式的互动性、广告内容的个性化和可分享功能是吸引手机网民主动点击移动广告的主要因素。互动分享(39.1%)、定向推送(35.3%)和短视频广告(29.3%)是中国手机网民较为感兴趣的移动广告形式。

在政策方面,随着互联网的飞速发展,互联网广告成为新兴监管领域,国家出台了一系列政策,指导未来互联网监管的大方向,也是移动互联产业发展的风向标。2009 年 1 月 1 日,中国网络广告行业首个标准《中国互联网广告推荐使用标准(试行)》开始实施。2013 年 4 月 11 日,工业和信息化部发布了《关于加强移动智能终端进网管理的通知》,对移动智能终端的安全能力和预置软件提出了管理要求。2014 年 8 月 20 日,中央全面深化改革小组审核通过《关于推动传统媒体和新兴媒体融合发展的指导意见》,文件强调,积极运用大数据、云计算等新技术,发展移动客户端、手机网站等新应用、新业态,以新技术引领媒体融合发展。2015 年 3 月 5 日,国务院总理李克强作政府工作报告,首次提出制定"互联网+"行动计划,大力推动移动互联网等的发展,"互联网+"已纳入国家发展战略。

在技术方面,移动互联网技术进步,为移动广告的创新和发展提供了可能,广告的精准性和创意空间得到了提高,满足了广告主对广告的需求。4G技术升级,三大运营商打造 3G、4G 一体化的网络,2015 年实现移动宽带网络入口覆盖率不低于 95%。基于地理信息系统的服务是向用户提供实时位置相关的信息及衍生服务,地理信息将成为各类服务的新入口,同时也为移动广告创新提供了想象空间。互联网精准广告定向技术,针对网民几乎所有的上网行为进行个性化的深度分析,按需求提供多通道投放的人群数据库管理。以 H5 为代表的技术逐渐成熟,移动广告的创意空间和展现形式得到了极大的发展,满足广告主需求的同时,移动互联网行业的参与方增多,共同促进移动互联网市场繁荣发展。

中国移动应用广告平台市场发展阶段如图 4.4 所示。2007 年,是中国移动应用广告的孕育期,市场上的移动应用广告主要以短信、彩信和 WAP 为主。2008 年为诞生期,国外的移动平台(如 Admob)等逐渐被人们所认识,类似模式开始在国内出现。2012 年,是中国移动应用广告的高速增长期,智能手机普及速度加快,传统广告主认识到移动广告的重要性,投入预算比例增加。2013 年,中国移动广告市场进入调整期,移动应用广告平台竞争加剧,使竞争格局逐渐明朗,产业格局面临调整。2015 年是中国移动广告市场的深度发展期,随着传统媒体的加入,移动应用广告效果不断提升,同时市场规范性的逐步增强,促进了该行业的良性发展。

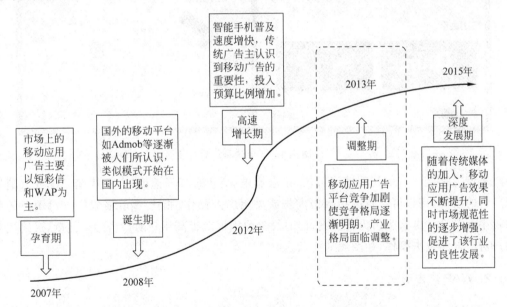

图 4.4　中国移动应用广告平台市场发展阶段

4.2.2　移动广告投放位置和形式效果

移动广告一般的展示形式有 App 横幅广告、App 文字链广告、WAP 形式的广告和移动搜索广告等。

1. App 横幅广告

采用 Banner 的形式、更加突出的显示，以提高广告内容对用户的视觉吸引力。采用横幅模式方便用户点击操作，提高广告点展比。为使用该 App 的用户设计相关软件下载入口，以提高广告的相关性，降低用户对广告的反感。如图 4.5 所示，在 App Store 的上方出现广告，单击则进入相关下载页面。

图 4.5　App 横幅广告

App 文字链广告的访问速度最快，不会影响 App 的打开速度，方便快捷。设计取消展现广告的按钮，用户可自行选择点击广告或关闭广告操作，相比 App 横幅广告对用户的影响较小。可设计更有吸引力的文案，同时设计弹出框以提高用户对广告的关注度，最终实现用户对广告的点击操作，如图 4.6 所示。

2．WAP 广告形式

1）WAP Push 广告

WAP Push 广告是指手机直投广告，是广告主直接将广告内容推送到目标客户手机上的广告。把含有广告内容的 WAP 网站网址以链接的方式直接发送到用户手机上，用户根据自己的需要打开链接查看广告，WAP Push 广告以文字链的形式展现。

WAP Push 文字链广告，如图 4.7 所示，单击文字链接，就可以进入商品购买页面。

图 4.6　App 文字链广告

图 4.7　WAP Push 文字链广告

2）WAP 站点图片广告

WAP 是移动互联网时代的信息载体，WAP 站点是以一种图文并茂的形式展示给手机终端的用户。而 WAP 站广告以文字链和图片的形式展现给用户。通过用户的手机型号、机型版本精确定位用户的消费水平、年龄阶段等属性，并展示相关广告，提高广告投放竞争性的同时提升广告的点展比。设计通栏广告的形式，提高广告的视觉吸引力，增加广告的展现及用户对广告的点击。如图 4.8 所示为迈锐宝广告。

3）WAP 站点文字链广告

WAP 站内容需要快速展现给用户的时候，设计广告可采取文字链的形式，因文字链访问速度最快，对 WAP 站点的打开速度影响最小。文字链广告适用于各种手机平台，不会造成页面跑版现象，同时提高了各平台广告的统一性，如图 4.9 所示。

3. 移动搜索广告

根据用户输入的 query 和用户所处的地理位置，高度精准地推送相关广告内容给用户，并可实现广告的拨打，快速实现 O2O 模式，拉近用户和广告主的距离。

图 4.8　WAP 站点图片广告

图 4.9　WAP 站文字链广告

1) 基于易用性的设计——直航电话

直航电话能拉近广告主与用户之间的距离,一个小小的单击就可轻松实现 O2O 操作,方便用户获取广告内容的同时能够为广告主创造更大的广告价值。如图 4.10 所示,在搜索栏输入"买鲜花",则在出现鲜花官网的同时,其下有"电话咨询"的按钮,单击就可直接给商家打电话,极大地提高了使用的方便性。

2) 基于易用性的设计——广告子链接

广告子链接满足了用户多方面的搜索需求,让用户了解到更多与广告相关的热门子内容,减少了用户二次搜索操作。如图 4.11 所示,搜索"唯品会",在唯品会的官网下方出现该网站销售商品类别的子链接,用户可根据需求进入相关网页。

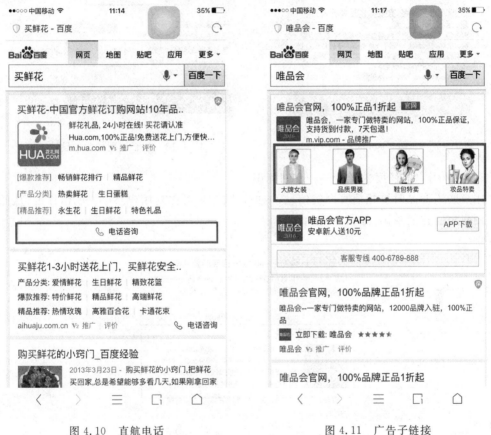

图 4.10　直航电话　　　　　　　图 4.11　广告子链接

3) 基于视觉吸引力的设计——Banner

有 Banner 的广告能够大幅度提高广告对用户的视觉吸引力,增加广告的点击量并提升品牌宣传效果。基于视觉吸引的设计,其效果色彩鲜明,占据首页顶部位置,更加突出地显示,提高了广告的内容对用户的视觉吸引力,如图 4.12 所示。

4) 基于地理位置的设计

基于地理位置的设计服务,广告融入到地理位置服务之中,广告主可以进行地域定向、时间筛选、人群分类等,设定灵活准确的广告推送给用户,给用户提供更快速度获取所需内容的渠道,提高了用户的便捷性,也提高了广告的相关性,如图 4.13 所示。

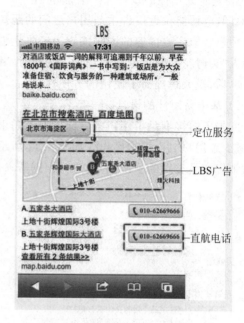

图 4.12　Banner 广告　　　　　　图 4.13　基于地理位置的设计

5）基于用户信任度的设计——官网标识

用户购买商品时更相信官网的信息,增加官网标识可提高用户对广告的信任度,从而增加了用户对广告的单击,如图 4.14 所示。

图 4.14　官网标识和品牌 LOGO

6）基于用户信任度的设计——站点品牌 LOGO

用户购买产品和维修产品时更相信官方的信息,增加品牌 LOGO 可提高用户对广告的信任度,从而增加了用户对广告的点击,如图 4.14 所示。

7) 基于用户信任度的设计——用户评分

设计理念:大多数用户购买商品的时候是要看商品评论的,增加用户评分功能有助于用户决策对广告内容的购买,打消用户对广告可信度的质疑,如图 4.15 所示。

图 4.15　用户评分

4.2.3　移动广告的特点和优势

(1) 精准。从投放策略上来讲,精准营销必然是大势所趋,因为移动终端从某种程度上更加代表个人信息,用户信息的收集更加精确,进而拥有更加精确的广告投放效果。精准营销的优势非常明显:成本低、目标用户定位精准、效果收益好。移动广告的内容无论是文字链、图片还是视频,在精准投放时都可以带给广告主更高的投资回报率,带给消费者适时有用的信息,这一双赢局面是未来移动互联网广告的发展目标。因此它的效果不容忽视,如图 4.16 所示为移动营销广告营销优势。

(2) 即时。手机广告的即时性来自手机的可移动性。手机是个人随身物品,它的随身携带性比其他任何一个传统媒体都强,绝大多数用户会把手机带在身边,甚至 24 小时不关机,所以手机媒介对用户的影响力是全天候的,广告信息到达也是最及时、最有效的。

(3) 互动。手机广告互动性为广告商与消费者之间搭建了一个互动交流平台,让广告主能更及时地了解客户的需求,使消费者的主动性增强,提高了自主地位。基于 App 封装

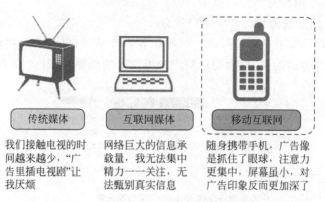

图 4.16 移动营销广告独具营销优势

的特性使用户可在不离开 App 活动界面的情况下调用系统及硬件功能,最大程度实现了用户体验的流畅和一致性。移动应用广告的互动性在这一前提下具备各种可能。主要表现形式有 click to call/map/video、在线问答式、注册用户信息等。

(4) 扩散。手机广告具有扩散性,即可再传播性,指用户可以将自认为有用的广告转给亲朋好友,向身边的人扩散信息或传播广告。

(5) 整合。手机广告的整合性优势得益于 3G 及 4G 技术的发展速度,手机广告可以通过文字、声音、图像、动画等不同的形式展现出来,手机将不仅仅是一个实时语音或者文本通信设备,也是一款功能丰富的娱乐工具:影音功能、游戏终端、移动电视等,也是一种即时的金融终端:手机电子钱包、证券接受工具等。

(6) 可测。对于广告主来讲,手机广告相对于其他媒体广告的突出特点,还在于它的可测性或可追踪性,使受众数量可准确统计。

(7) 位置。移动设备具备与生俱来的位置属性,通过定位设备获取用户的地理位置信息,不但可以根据当前位置推送周边的营销活动,还可描绘出用户的生活轨迹,从而更准确地定位目标受众,指导广告的投放。加入社交属性后这一特点的优势更加得以发挥和利用。

4.2.4 移动广告盈利模式和应用效果

1. 盈利模式

1) 应用付费下载

相对于安卓平台,多数开发者更钟爱在 iOS 上进行开发,原因除了 iOS 上架应用渠道方便外,还因为 iOS 上的盈利模式更加明显,如付费下载。但事实上,这个说法更适合国外市场,因为在中国,无论是安卓用户还是 iOS 用户,从互联网时代就开始养成的习惯就是:几乎只用免费的软件。据调查,在中国,有 70% 的手机网民表示不会使用需要收费的应用。

2) 免费应用的盈利模式

在移动互联网行业中,更多公司选择了双模式的盈利模式,即给用户提供免费应用下载,先建立"用户模式",用以集聚人气、黏住客户,形成巨大的用户空间,然后才建立"盈利模式",在这个已经形成的用户空间寻找合适的商业价值,来达到商业目标实现盈利。

2．移动广告的效果研究

1）营销效果

移动广告可以接触的用户范围非常广,好的广告形式能够带来广泛的关注和转化率,促进产品的销售。在国内移动互联网的早期,互联网电子商务企业是最早进入移动广告市场的领军投放者。它们最早明白并有能力衡量点击、展示性广告的效果,能够清晰地转化点击广告的用户,知道让用户做什么来转化成消费或是进行品牌推广。此后,手机游戏、新闻客户端的 App 下载广告成为移动广告主要的增长驱动力。

目前,国内手机游戏在移动互联网率先实现了规模化盈利,因此手机游戏厂商在移动广告商的投放力度很大。现在的手机游戏都是通过"App 发现墙"、植入式广告、内容营销、结合游戏角色等方式来进行广告投放,而非生硬的 Banner 广告。

2）传播效果

移动广告的针对性很强。利用基于地理位置的服务,针对用户的确切需求进行传播。在合适的时间、合适的地点,以合适的方法将合适的广告推送给合适的用户比起盲目推送信息,能够取得更好的传播效果。例如,在 2011 年,中国移动广告主的投放主要来自于电子商务,2012 年来自于以新闻客户端和游戏为代表的 App,2013 年则逐步开始有了按照省市投放的本地化广告。本地化的广告能够提高广告的接受程度。不过传统的行业广告主虽然有尝试,如汽车促销、快速消费品促销等地域性非常强的广告投放,但大部分传统行业对移动广告主的接受程度还不高。

3）客户关系

移动终端的唯一性和互动性,使用户身份识别成为可能。通过这个特点,运用无线技术与电脑软件,建立起用户属性鲜明的数据库,分析用户特征,随时进行用户调查以及信息反馈等客户互动,深度挖掘客户价值。同时不断的互动也有利于提升客户满意度,增强客户黏性。

4.3 平台级 App 营销

4.3.1 微信营销

1．微信介绍

微信(WeChat)是腾讯公司于 2011 年 1 月 21 日推出的一个为智能终端提供即时通信服务的免费应用程序,微信支持跨通信运营商、跨操作系统平台通过网络快速发送免费(需消耗少量网络流量)语音短信、视频、图片和文字,同时,也可以使用通过共享流媒体内容的资料和基于位置的社交插件"摇一摇""漂流瓶""朋友圈""公众平台""语音记事本"等服务插件。截止到 2015 年第一季度,微信已经覆盖中国 90% 以上的智能手机,月活跃用户达到 5.49 亿,用户覆盖 200 多个国家,超过 20 种语言。此外,各品牌的微信公众账号总数已经超过 800 万,移动应用对接数量超过 85 000 个,微信支付用户则达到了 4 亿左右。

微信提供公众平台、朋友圈、消息推送等功能,用户可以通过"摇一摇""搜索号码""附近的人""扫二维码"等方式添加好友和关注公众平台,同时微信将内容分享给好友以及将用户看到的精彩内容分享到微信朋友圈。2015 年春节期间,微信联合各类商家推出春节"摇红包"活动,送出金额超过 5 亿元的现金红包。2015 年 6 月 30 日,腾讯以 17.6 亿元投得广州琶洲地块以建设微信总部大楼。2016 年 3 月 1 日起,微信支付对转账功能停止收取手续费。同日起,对提现功能开始收取手续费。2016 年 3 月 10 日,微信官方首次公布"企业微信"的相关细节,并于 4 月 18 日通过应用宝正式发布安卓版。

1) 微信基本功能

聊天:支持发送语音短信、视频、图片(包括表情)和文字,是一种聊天软件,支持多人群聊。

添加好友:微信支持查找微信号添加好友、查看 QQ 好友添加好友、查看手机通讯录添加好友、分享微信号添加好友、摇一摇添加好友、二维码查找添加好友和漂流瓶接受好友 7 种方式。

实时对讲机功能:用户可以通过语音聊天室和一群人语音对讲,与在群里发语音不同的是,这个聊天室的消息几乎是实时的,并且不会留下任何记录,在手机屏幕关闭的情况下也可进行实时聊天。

2) 微信支付

微信支付是集成在微信客户端的支付功能,用户可以通过手机完成快速的支付流程。微信支付向用户提供安全、快捷、高效的支付服务,以绑定银行卡的快捷支付为基础。

支持支付场景:微信公众平台支付、App(第三方应用商城)支付、二维码扫描支付、刷卡支付,用户展示条码,商户扫描后完成支付。

用户只需在微信中关联一张银行卡,并完成身份认证,即可将装有微信 App 的智能手机变成一个全能钱包,之后可购买合作商户的商品及服务,用户在支付时只需在自己的智能手机上输入密码,无需任何刷卡步骤即可完成支付,整个过程简便流畅。

微信支付支持以下银行发卡的贷记卡:深圳发展银行、宁波银行。此外,微信支付还支持以下银行的借记卡及信用卡:招商银行、建设银行、光大银行、中信银行、农业银行、广发银行、平安银行、兴业银行、民生银行。

2014 年 9 月 13 日,为了给更多的用户提供微信支付电商平台,微信服务号申请微信支付功能不再收取 2 万元保证金,开店门槛降低。

3) 公众平台

微信公众平台主要有实时交流、消息发送和素材管理。用户可以对公众账户的粉丝进行分组管理、实时交流,同时也可以使用高级功能——编辑模式和开发模式对用户信息进行自动回复。

当微信公众平台关注数超过 500,就可以去申请认证的公众账号。用户可以通过查找公众平台账户或者"扫一扫"二维码关注公共平台。

2013 年 10 月 29 日,微信发布了新版公众平台,新平台支持服务号进行新的微信认证。

此外,微信还开放了部分高级接口和开放者问答系统。此次微信开放的高级接口权限包括:语音识别、客服接口、OAuth 2.0 网页授权、生成带参数二维码、获取用户地理位置、获取用户基本信息、获取关注者列表、用户分组接口 8 项。

2014 年 1 月 15 日晚,微信发布了货币型基金理财产品——理财通,被称为微信版"余额宝"。

据统计,25%的微信用户每天打开微信超过30次,55.2%的微信用户每天打开微信超过10次。这可观的数据令人咋舌,也奠定了微信营销的良好基础。同时微信的朋友圈更是加强了信息的紧密性和互动性以及信任性。作为中国微信用户强大的社交工具,接近一半活跃用户拥有超过100位微信好友。57.3%的用户通过微信认识了新的朋友,或联系上多年未联系的老朋友,如图4.17所示。

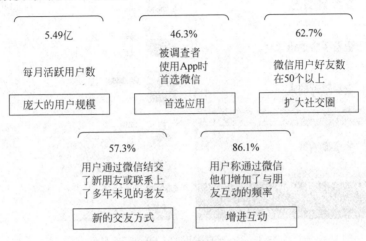

图 4.17　微信应用数据

微信营销基于强关系网络,如果不顾用户的感受,强行推送各种不适合的广告信息,会引来用户的反感。凡事理性而为,善用微信这一时下最流行的互动工具,让商家与客户回归最真诚的人际沟通,才是微信营销真正的王道。

2. 基于微信的营销方式

1) 查看附近的人

微信中基于LBS的功能插件"查看附近的人"可以使更多陌生人看到这种强制性广告。用户点击"查看附近的人"后,可以根据自己的地理位置查找到周围的微信用户。在这些附近的微信用户中,除了显示用户姓名等基本信息外,还会显示用户签名档的内容。所以用户可以利用这个免费的广告位为自己的产品打广告。

营销方式:营销人员在人流最旺盛的地方后台24小时运行微信,如果"查看附近的人"使用者足够多,这个广告效果也会不错。随着微信用户数量的上升,可能这个简单的签名栏会变成移动的"黄金广告位"。如图4.18所示,宝岛眼镜就会受到附近有需求的人的关注进而产生消费行为。

2) 漂流瓶

移植到微信上后,漂流瓶的功能基本保留了原始简单易上手的风格。漂流瓶有两个简单功能:①"扔一个"。用户可以选择发布语音或者文字,然后投入大海中,如果有其他用户"捞"到则可以展开对话;①"捡一个"。"捞"大海中无数个用户投放的漂流瓶,"捞"到后也可以和对方展开对话,但每个用户每天只有20次机会。

图 4.18　查看附近的人——宝岛眼镜

营销方式：微信官方可以对漂流瓶的参数进行更改，使得合作商家推广的活动在某一时间段内抛出的"漂流瓶"数量大增，普通用户"捞"到的几率也会增加。加上"漂流瓶"模式本身可以发送不同的文字内容甚至语音小游戏等，如果营销得当，也能产生不错的营销效果。而这种语音的模式，也让用户觉得更加真实。但是如果只是纯粹的广告语，是会引起用户反感的。

3）扫一扫

二维码是企业的标志性象征，就如同企业签名一样，如果能够很好地利用起来一定会有好的效果。对于扫二维码的方式，粉丝们普遍比较认可，不仅时尚，也更方便，用手机扫一扫就能够出现产品的相关信息，商家们大可以利用这一点来做文章，让粉丝主动地把二维码分享到朋友圈里，吸引更多的粉丝参与，造成一传十、十传百的口碑效应。二维码发展至今，其商业用途越来越多，所以微信也就顺应潮流结合 O2O 展开商业活动。将二维码图案置于取景框内，微信会帮你找到好友企业的二维码，然后你将可以获得成员折扣、商家优惠或者一些新闻资讯。移动应用中加入二维码扫描，然后给用户提供商家折扣和优惠，这种 O2O 方式早已普及开来。而类似的 App 在应用超市中也多到让你不知如何选择，坐拥上亿用户其活跃度足够高的微信，价值不言而喻。

4）微信公众平台

微信公众号倾向于企业，用来做品牌和推广，维护老客户，吸引粉丝发掘新客户。对于大众化媒体、明星以及企业而言，如果微信开放平台＋朋友圈的社交分享功能的开放，已经使得微信作为一种移动互联网上不可忽视的营销渠道，那么微信公众平台的上线，则使这种营销渠道更加细化和直接。

企业通过微信公众平台,可以实现大量微信群发,有利于扩展品牌的影响力。微信公众平台主要功能主要体现在：消息群发、自动回复、一对一交流、运营数据采集分析和用户管理。可以通过后台对用户进行分组和地域控制,实现精准的消息推送。普通的公众账号,可以群发文字、图片、语音三个类别的内容。可以通过后台页面根据"被添加"、"消息"、"关键字"三种情景设置自动回复内容。在推送信息内容时可以进行引导式的信息回复,通过设定好的信息内容回复给用户,实现针对性的解决顾客需求。也可以通过电子用户姓名,跳到与这个用户一对一沟通的页面,从而实现实时地与用户互动。微信公众平台还可以实现对数据的采集分析,通过首页显示的过去7天平台的曲线图概况,包括订阅人数的变化、接收信息的数量,实现对用户的管理,根据客户的不同,可以将客户分为"默认组"、"屏蔽组"和"星标组"三个固定分组,不能删改。但可以按照个人需要创建不同的组别,在推送信息的时候,可以根据不同的分组进行消息群发。在运营公众平台的时候,建议进行微信认证,因为经过认证的微信公众账号优先排名。

企业通过在微信公众平台上建设企业的网站进行互动和品牌推广,微网站可以将企业信息、产品服务、促销信息、市场活动等通过微信直接展示给用户。微网站完全打通微信个人账号、公众平台(开发模式)的互动交流/客户管理,能够实现病毒式增加精准粉丝,甚至可以实现自动成交系统。作为标准的手机网站,微网站有优先被百度收录,优化在手机搜索引擎的排位,从而引来更多的精准客户,这些客户又可以通过加微信实现微信交流。可以与客户零距离接触,随时随地抓住用户眼球。微网站符合手机操作浏览习惯,实现一键拨打、一键关注微信、一键分享、一键地图、一键询价、一键留言等功能,如图4.19所示为中国银行天津分行的公众号。

微信公众平台运营技巧：

(1)公众号定位。微信公众号运营,定位就是一个账号运营方向,运营方向也决定着一个账号吸引来的用户群体。因此,第一步"定位"很重要。例如某公众号是做"微营销"方面的,那么来关注该公众号的用户肯定是对这方面感兴趣的,那么这一部分人就是要针对的用户,是要营销的对象。

(2)提供价值内容。现在做运营讲究内容为王,用户之所以关注你,是因为在你这能得到他想要的价值内容。用户才是营销的基础,所以做好内容很关键。

(3)推送内容选择。推送的内容要与账号运营属性搭边。避免推送的内容含有太多的广告。有许多微信公众号运营者为了赚钱而把广告植入到推送的内容当中,偶尔几次用户还不会反感,多了就让人十分反胃了。也不要推送原创性低没多大价值的文章。

(4)通过优惠活动来提高转化率。吸引粉丝的目的是为了创造更大的价值,实现营销目的。通过

图4.19 中国银行天津分行公众号

一些能给用户带来优惠或者利益的互动活动,引导用户到线下实体店进行消费,从而达到营销的最终目的。

5) 朋友圈

朋友圈营销倾向于个人,用来向朋友卖货,通过"熟人"关系的购买率十分高,也被称之为"熟人经济"。可以将手机应用、PC客户端和网站中的精彩内容快速分享到朋友圈中,支持网页链接方式打开。优点在于交流比较封闭,口碑营销会更加具备效果,缺点是开展营销活动比较困难,因为圈子的人数不够。这种方式适合于口碑类产品或者私密性小产品,如图4.20所示为朋友圈营销。

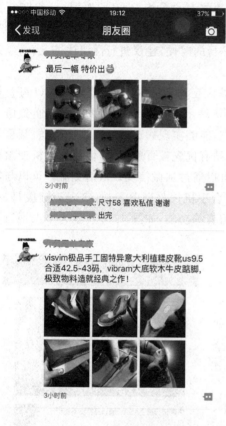

图 4.20 朋友圈营销

朋友圈营销技巧:

朋友圈营销其实和做微信公众号运营一样,先要给自己一个明确的定位,然后围绕定位展开一系列的产品运营和营销。

(1) 产品定位。如果想要通过朋友圈来卖货,那么就要弄清楚要卖的产品应该针对什么样的消费群体。应该怎么根据这些消费群体的需求来提供产品。

(2) 产品选择。卖什么不重要,关键是怎样卖,怎样在卖的过程中不断地优化运营方式。产品宜精不宜多,不要选择代理已经成熟的品牌,也不要选择代理全新的小品牌,而要选择有潜力和发展空间的品牌去代理,既能保证自己现有的生存空间,又能保证未来的发展空间。

(3) 营销有节操。防止微信朋友圈为了提高自己产品的曝光率,无节制地推送产品信息,严重骚扰用户。这样做的后果只有一个,就是被拉黑。朋友圈营销是"熟人社交经济",要做的是建立信任,在这个基础上达到营销目的。

6) 微商城

微信营销离不开微信公众的平台支持。微信作为时下最热门的社交信息平台,也是移动端的一大入口,正在演变成为一大商业交易平台,其对营销行业带来的颠覆性变化开始显现。消费者只要通过微信公众平台对接转入微信会员管理系统,就可以实现微会员、微推送、微官网、微储值、会员推荐提成、商品查询、选购、体验、互动、订购与支付的线上线下一体化服务模式。

微商城是国内首款基于移动互联网的商城应用服务产品,是微店改进后的一个营销手段,类似于淘宝天猫,是直接搭建在微信上方的一个商城,可以与公众账号对接,粉丝就是你的潜在客户,通过平时公众账号的信息共享与传播,增加客户黏度,微商城是一个经营的过程,缩短顾客与企业商家的情感距离,产生信任感归宿感,需要时间才会产生效益。微商城会成为未来的趋势。以微信为媒介,可以为每一个公众号建立品牌微信商城,实现商城的在线支付功能,并且可以对商城参与人数、交易量进行跟踪。

微商城可实现传统商城的全部功能,包括:

(1) 商品管理。商城后台具备商品上传、分类管理、订单处理等与网上店铺都具有的设置功能。

(2) 智能答复。卖家可以在系统自定义设置回复内容,当用户首次关注您的商城时,可自动发送此消息给客户,还可设置关键词回复,当用户回复指定关键词的时候,系统将自动回复相应设置好的内容,让客户第一时间收到想要的消息。

(3) 在线订购。支持现有商城系统进行对接。

(4) 会员系统。支持现有会员系统进行对接。

(5) 在线支付。支持在线支付功能,若无需在线支付,则只记录订单信息与流程。

(6) 在线营销。向终端客户推荐新品、促销策略等。

(7) 售后服务。通过微信平台提供售后支持与服务。

如图4.21所示为微信拼多多商城。

3. 微信营销的营销策略

1) "意见领袖型"营销策略

企业家、企业的高层管理人员大都是意见领袖,他们的观点具有相当强的辐射力和渗透力,对大众言辞有着重大的影响作用,潜移默化地改变人们的消费观念,影响人们的消费行为。微信营销可以有效地综合运用意见领袖的影响力和微信自身强大的影响力刺激需求,激发购买欲望。如小米创办人雷军,就是最好的"意见领袖型"营销策略。如:雷军利用自己的微博强有力的粉丝,在新浪上简单地发布关于小米手机的一些信息,就得到众多小米手机关注者的转播与评论,还能在评论中知道消费者的想法和消费者内心的需求。

2) "病毒式"营销策略

微信即时性和互动性强,可见度、影响力以及无边界传播等特质特别适合病毒式营销策略的应用。微信平台的群发功能可以有效地将企业拍的视频、制作的图片或宣传的文字群发到微信好友。还可以利用二维码的形式发送优惠信息,这是一个既经济又实惠、更有效的促销好模式。

图4.21 微信拼多多商城

3) "视频、图片"营销策略

运用"视频、图片"营销策略开展微信营销,首先要在与微友的互动和对话中寻找市场,利用市场。为潜在客户提供个性化、差异化服务,其次,善于提供各种技术,将企业产品、服务的信息传送给潜在客户,为企业赢得竞争的优势,打造出优质的品牌服务。让微信营销更加"可口化、可乐化、软性化",更加吸引消费者的眼球。

4．微信营销经典案例

相对于传统营销，微信营销更快捷方便。现在已经进入一个用户为王的时代，满足顾客的需要才是当务之急要解决的事情，在科技快速发展、4G 网络的时代，微信营销已经成为一种趋势。微信营销的好处：①快速增加公众号粉丝；②改善智能服务，提升服务品质；③建设一个微信专属的微官网；④增加粉丝互动；⑤数据挖掘，更加了解用户的需求。下面通过一些成功的微信来总结其经营模式。

案例一：杜蕾斯微信活动营销

对于杜蕾斯大家都不陌生，每每提及微博营销案例，不得不提"杜杜"。这个在微博上独树一帜的"杜杜"，也在微信上开启了杜杜小讲堂、一周问题集锦。广大订阅者所熟知的还是杜杜那免费的福利，2012 年 12 月 11 日，杜蕾斯微信推送了这样一条微信活动消息："杜杜已经在后台随机抽中了十位幸运儿，每人将获得新上市的魔法装一份。今晚十点之前，还会送出十份魔法装！如果你是杜杜的老朋友，请回复'我要福利'，杜杜将会继续选出十位幸运儿，敬请期待明天的中奖名单！悄悄告诉你一声，假如世界末日没有到来，在临近圣诞和新年的时候，还会有更多的礼物等你来拿哦！"活动一出，短短两个小时，杜杜就收到几万条"我要福利"，10 盒套装换来几万粉丝，怎么算怎么划算。微信活动营销的魅力在杜杜这里被演绎得淋漓尽致，毕竟免费的福利谁都会忍不住看两眼。

案例二：微媒体微信——关键词搜索＋陪聊式营销

据了解，微媒体微信公众账号是最早一批注册并实现官方认证的公众账号，从开始到现在，一直专注于新媒体营销思想、方案、案例、工具，传播微博营销知识，分享微博营销成功案例。

用户通过订阅该账号来获取信息知识，微信公众账号每天只能推送一条信息，但一条微信不能满足所有人的口味，有的订阅者希望看营销案例，而有些或许只是想要了解新媒体现状，面对需求多样的订阅者，微媒体给出的答案是关键词搜索，即订阅者可以通过发送自己关注话题的关键词，例如"营销案例"、"微博"等，就可以接收到推送的相关信息。当然，如果你发送"美女你好"，小微或许认为你只是要聊聊天，如果你实在不吐不快，或许这样的陪聊也是一个不错的选择。

案例三：星巴克音乐推送微信

把微信做的有创意，微信就会有生命力。微信的功能已经强大到我们目不忍视，除了回复关键词还有回复表情的。这就是星巴克音乐营销，直觉刺激你的听觉！通过搜索星巴克微信账号或者扫描二维码，用户可以发送表情图片来表达此时的心情，星巴克微信则根据不同的表情图片选择《自然醒》专辑中的相关音乐给予回应。

案例四：头条新闻实时推送

作为新媒体，微信也有其媒体传播的特性，尽管马化腾一直在弱化其媒体属性。作为微信营销的一个案例——头条新闻，最大的卖点是信息的即时推送，头条新闻在每天下午六点左右，准时推送一天最重大新闻，订阅用户可以通过微信直接了解最近发生的大事、新鲜事，不需要在海量的信息中"淘宝"。定时推送的时间选择在下班时间，完成一天的工作后，在回家的路上看看当天的新闻也不失为一种调剂，既可以了解当下的大事又可以排解途中无聊。

案例五：小米客服营销9∶100万

据了解，小米手机的微信账号后台客服人员有9名，这9名员工最主要的工作是每天回复100万粉丝的留言。每天早上，当9名小米微信运营工作人员在电脑上打开小米手机的微信账号后台，看到后台用户的留言，他们一天的工作也就开始了。其实小米自己开发的微信后台可以自动抓取关键词回复，但小米微信的客服人员还是会进行一对一的回复，小米也是通过这样的方式大大地提升了用户的品牌忠诚度。相较于在微信上开个淘宝店，对于类似小米这样的品牌微信用户来说，做客服显然比卖掉一两部手机更让人期待。当然，除了提升用户的忠诚度，微信做客服也给小米带来了实实在在的益处。黎万强表示，微信同样使得小米的营销、CRM成本开始降低，过去小米做活动通常会群发短信，100万条短信发出去，就是4万块钱的成本，微信做客服的作用可见一斑。

案例六：招商银行——爱心漂流瓶

微信官方对于漂流瓶的设置，也让很多商家看到漂流瓶的商机，微信商家开始通过扔瓶子做活动推广。这使得合作商家推广的活动在某一时间段内抛出的"漂流瓶"数量大增，普通用户"捞"到的几率也会增加。招商银行就是其中一个。

之前，招商银行发起了一个微信"爱心漂流瓶的活动"：微信用户用"漂流瓶"功能捡到招商银行漂流瓶，回复之后招商银行便会通过"小积分，微慈善"平台为自闭症儿童提供帮助。在此活动期间，有媒体统计，用户每捡十次漂流瓶基本上就有一次会捡到招行的爱心漂流瓶。

案例七：凯迪拉克基于LBS的营销

播报路况已经不新鲜，交通广播已经霸占这个领域许多年，凯迪拉克在其微信中推出"66号公路"的活动，对路况信息进行实时播报，及时更新为当地出行的人提供服务，尽管是在交通广播的眼皮下抢生意，但好在凯迪拉克的路况播报仅限66号公路，这也是其优点，只针对一条路况信息的播报，避免了范围大而出现信息不及时的情况。

案例八：1号店游戏式营销

1号店在微信当中推出了"你画我猜"活动，该活动方式是：用户通过关注1号店的微信账号后，每天1号店就会推送一张图片给订阅用户，然后，用户可以发答案来参与到这个游戏当中来。如果猜中图片答案并且在所规定的名额范围内的就可以获得奖品。其实"你画我猜"的概念是来自火爆的App游戏Draw Something，并非1号店自主研发，只是1号店首次把游戏的形式结合到微信活动推广中来。

案例九：南航服务式营销

中国南方航空公司总信息师胡臣杰曾表示："对今天的南航而言，微信的重要程度，等同于15年前南航做网站！"也正是由于对微信的重视，如今微信和网站、短信、手机App、呼叫中心，一并成为南航五大服务平台。

对于微信的看法，胡臣杰表示："在南航看来，微信承载着沟通的使命，而非营销。"早在2013年1月30日，南航微信发布第一个版本，就在国内首创推出微信值机服务。随着功能的不断开发完善，机票预订、登机牌办理、航班动态查询、里程查询与兑换、出行指南、城市天气查询、机票验真等这些通过其他渠道能够享受到的服务，用户都可通过与南航微信公众平台互动来实现。

4.3.2 微博营销

1. 微博介绍

微博,即微博客的简称,是一个基于用户关系的信息分享、传播以及获取平台,用户可以通过 Web、WAP 以及各种客户端组建个人社区,以 140 字左右的文字更新信息,并实现即时分享。其最大特点就是集成化和开放化,可以通过手机、IM 软件和外部 API 接口等途径向微博客发布消息。相比于博客的"被动"关注,微博的关注则更为"主动",只要轻点"关注",即表示你愿意接受某位用户的即时更新信息。从这个角度来说,对于商业推广、明星效应的传播更有效果。

1) 微博三大特性

便捷性:微博在语言的编排组织上,没有博客那么高,只需要反映自己的心情,不需要长篇大论,更新起来也方便。微博开通的多种 API 使得大量的用户可以通过手机、网络等方式来即时更新自己的个人信息。

背对脸:微型博客上是背对脸的,和博客上面对面的表演不同,不需要主动和背后的人交流,可以一点对多点,也可以点对点。

原创性:微博网站现在的即时通信功能非常强大,通过 QQ 和 MSN 直接书写,在有网络的地方,只要有手机就可即时更新自己的内容。

2) 国内各大微博介绍

2009 年 8 月,新浪率先推出新浪微博,并启用 t.sina.com.cn 作为主域名,借助网络惯用的名人效应迅速拥有了大量用户,短短半年时间,微博诞生新昵称"围脖",成为当年中国互联网行业的一道风景。2010 年,网易、搜狐、腾讯也相继推出微博服务,四大门户纷纷上马微博,凤凰网、和讯网、搜房网紧随其后,大有群雄并起、逐鹿中原之势,形成了中国特有的微博嫁接网站的发展特色。

(1) 新浪微博

2009 年 8 月 14 日正式内测,目前是中国用户数量最大的微博产品。支持文字、视频、音乐、图片的发布,字数限制为 140 字。其特色是公众人物用户众多,目前基本已经覆盖大部分知名文体明星、企业高管、媒体人士。

(2) 网易微博

2010 年 3 月 20 日上线公测,支持文字、图片发布,字数限制为 163 字,与网易品牌相呼应,区别于其他三家微博的是网易微博坚持草根路线,没有推出名人认证功能。

(3) 搜狐微博

2010 年 4 月正式公测,支持文字和图片发布,不限字数。除"一句话博客"之外,搜狐博客的特点在于和博客、视频、相册、圈子、新闻的整合。

(4) 腾讯微博

2010 年 4 月 1 日开始小规模内测,字数限制为 140 字,腾讯微博的特点在于细致的产品功底和庞大的用户群,目前腾讯微博用户可在国内最多的客户端 QQ 上使用。

微博在短期内对博客、SNS 社区产生了一定的冲击。微博与博客、SNS 社区具有很高的用户重合比例,用户使用目的上具有一定的相似性,微博的特性导致用户产生的黏性更强,并且用户使用微博后减少了登录博客、SNS 社区的次数。

2. 基于微博的营销

微博是有效的网络营销工具,是一种按照读者喜欢定制的媒体,将是企业和媒体人十分热衷使用的客户满意度测试工具。微博的运营商可以与企业共同进行策划,以企业微博、代言人微博、用户微博为载体,针对新产品、新品牌等进行主动的网络营销。微博将是植入式广告的最好载体之一,微博营销可以在趣味话题、图片和视频中植入广告。在微博中热议话题,就能够马上成为各大媒体争相讨论的热点话题。微博也是重要事件最好的新闻发布现场。

微博给网民尤其是手机网民提供了一个信息快速发表、传递的渠道。建立一个微博平台上的事件营销环境,能够快速吸引关注,这对于企业的公共关系维护、话题营销开展能起到如虎添翼的作用。每一个微博后面,都是一个消费者、一个用户,越是只言片语,越是最真实的用户体验。

1) 微博营销的特点

(1) 立体化:微博营销可以借助先进多媒体技术手段,以文字、图片、视频等展现形式对产品进行描述,从而使潜在消费者更形象直接地接收信息。

(2) 高速度:微博最显著的特征之一就是传播迅速。一条关注度较高的微博在互联网及与之关联的手机 WAP 平台上发出后,短时间内互动性转发就可以抵达微博世界的每一个角落,实现短时间内最多的目击人数。

(3) 便捷性:微博营销优于传统的广告行业,发布信息的主体无须经过繁复的行政审批,从而节约了大量的时间和成本。

(4) 广泛性:通过粉丝关注的形式进行病毒式的传播,影响面非常广泛,同时,名人效应能够使实际的传播呈几何放大。

2) 微博营销商业价值体现

(1) 客户服务:微博可以为企业提供用户追踪服务,在追踪模式中,可以开展对产品、品牌的信息传播,并与顾客进行对话,缩短了企业对客户需求的响应时间。

(2) 互动形式:与传统的互动营销相比,微博互动形式可以搭配地域人数的限制,全国乃至全球的受众都可能成为互动营销的参与者,更重要的是来自不同地区的志趣相投者可以实时沟通,进行更加深入的交流,品牌的烙印会在体验与关系互动中更加深刻。

(3) 硬广形式:刺激用户热情,以许可式、自主式进行广告,根据爱好人群,定位精确,营销效果更好。

(4) 公关服务:营销团队可通过微博客平台,实时监测受众对于品牌或产品的评论及疑问,如遇到企业危机事件,可以通过微博对负面口碑进行及时的正面引导,使搜索引擎中有关的负面消息尽快淹没,使企业的损失降至最低。

3) 微博营销常用策略

(1) 内容营销:微博的迅速发展模式是迄今为止病毒传播最为便利的工具。基于用户喜欢你的内容从而产生值得一看、值得一读的需求,真正与用户达成情感上的共鸣。

(2) 意见领袖:网络无权威,但是有意见领袖。他们在 3C、女性、互联网、美食、体育、旅游等领域掌握着强大的话语权。时刻潜意识里影响着数以万计的围观群众,如果想让品牌、产品传播得快,那么一定要锁定重要的意见领袖,并引导意见领袖去讨论,传播产品,如图 4.22 所示为某品牌借助当红明星的知名度和营销力来做宣传。

(3) 活动营销:微博最善用免费、促销模式。免费的东西和促销活动,无疑对萌动的消费者来说有着重量级的杀伤力,而微博比博客迷你且灵活,而且很大的一个特点就是可以迅速传播。

(4) 情感营销:品牌的塑造不仅包括产品、符号、个性,还有很重要的一点就是企业本身,空洞刻板的企业文化很难与消费者沟通。而在互联网上的微博有着无可比拟的亲和力,它少了些教条,多了些人性化。企业选择微博这种轻松的互动方式,调动用户参与其中,深入用户的内心,用情感链条连接起品牌的营销力。

4) 微博营销技巧

(1) 标签:根据不同的时期设置不同的标签,永远让搜索结果处在第一页。

如图 4.23 所示,用户名本身具有标签性质,"搭配师"本身就带有浓烈的标签色彩,能吸引到更多对服装搭配感兴趣的人群的关注。

图 4.22 某品牌借助当红明星来宣传产品

图 4.23 用户名具有标签性质

(2) 互动:创造有意义的体验和互动,人们才会和你进行交流。主动搜索行业相关话题,主动去与用户互动。善用大众热门话题(如"地震"),因为它适合微博的每个人。

(3) 话题:我听见你的声音+我在听你说+我明白你说的+达成营销目的。

(4) 更新:有规律地进行更新,每天 5~10 条,一小时内不要连发两条。上班、午休、下午 4 点后、晚上 8 点,抓住这些高峰发帖时间。

（5）连载：让你的内容有连载性，连载会显著提高粉丝的活跃度。

4.3.3 微商城和微店

有一段时间，中粮集团旗下的中宏生物公司推出的微商平台"中粮健康生活"刷爆朋友圈，微商城运营模式逐渐浮出水面，微商城运营的雏形已经出现很长时间，但一直没有被大众所注意。通过不断的进化和完善，成熟的模式遇到适合的产品，在本次中粮刷屏事件中达到爆发点，微商城有望成为销售渠道变革的下一个重要方向。

"中粮"微营销模式——分享海报吸引朋友加入会员和购买，获得返利。关注微信号后会自动成为会员，可生成自己的二维码海报在微信朋友圈进行推广，如图 4.24 所示。朋友通过扫描该二维码进入商城并消费后，海报发布者即可获得相应的现金奖励。同时朋友也自动成为会员，可以继续在自己的朋友圈内分享海报吸引更多的会员。

传统的微商，其本身作为商品的经销商，在朋友圈吸引客户购买后，需要自己处理下单、收款、物流、售后等一系列服务，适合专业卖家，大众（特别是上班族）很难专职经营。中粮微商城的特点是每个人都可以成为推销员获取收益，同时不必关心后端配送环节（中粮健康生活负责），流程的分离和简化极大激发了朋友圈转发的热情，形成病毒式营销的效果。

图 4.24　中粮网微商平台营销

微商城和 O2O 结合有望挽救线下店，成为重要增长点：①传统线下门店通过创建自己的微信服务号，依靠深入社区的优势推广微信号，吸引线下消费者成为线上会员，再通过微信营销和自发裂变推广扩大知名度和影响力。②微商城平台为门店提供统一的销售界面，品牌商提供仓储、配送等供应链支持。③会员线上下单后，品牌商可安排离消费者最近的线下店进行配送，承担配送任务的线下店以及最初吸引该消费者加入会员的线下店均可获得佣金分成。

背后的微商城服务平台商亦值得重视，有望成为类似淘宝的平台和数据汇集点。中粮微商城的服务平台商是有赞，类似的平台还有微盟等。与淘宝京东等流量入口不同，有赞等是松散基于分享的流量平台，更受到品牌商欢迎，做好产品和粉丝营销自然有流量，不依靠平台导流。而平台作为交易的汇集点，有大数据挖掘、流水抽成等多种变现方式。

做好微信商城营销的方法：

1）微信商城的购物体验能留住顾客

"购物体验"正是决定客户走与留、买与不买的关键性因素。微商城购物体验的好坏，要看它在用户浏览习惯、版面美观性、商品陈列科学性、购物合理性、支付流畅性等方面是否合理。微商们要选择同时支持微信支付、支付宝、货到付款等多种支付方式的系统，以避免因单一支付方式给顾客带来的不便。

2）微信商城的促销工具新鲜多变促交易

"运营微信商城并不是把商品陈列上去就行了，没有促销活动的微信商城将是死水一潭。"促销的重要性不容小觑，调查显示，90％以上的微信商城系统并不具备促销功能。

促销功能是微信电商系统的重头戏，是促成交易的强有力的手段。像"订单满额免运费"、"订单满额加价换购"、"订单满额减价"等促销方案，都是一个成熟的微信商城系统所必备的。微商在应用的过程中既可单独使用也可以几种联合使用，还可以配合积分兑换等功能策划出更有创意的促销活动。

3）微信商城的运行稳定，系统安全

系统稳定性和安全性是微信商城顺利运行的保障。假设你投入巨资搭建商城、组建运营团队、做大量广告，由此带来大批客户涌进微信商城，却因为商城系统被黑客攻击或运行不稳定导致崩溃，此时，你的损失将极其惨重，前期的投入和收获的客户都会泡汤。企业一定要选择有智能防火墙、灾难恢复、数据安全保障等配置的微信商城系统，否则，稳定性和安全性无从保障，并会带来难以预料的隐患。

4.3.4　App营销

App营销指的是应用程序营销，App是应用程序Application的意思。App营销是通过智能手机、社区、SNS等平台上运行的应用程序来开展营销活动。

一开始App只是作为一种第三方应用的合作形式参与到互联网商业活动中去的，随着互联网越来越开放化，App作为一种萌生于iPhone的盈利模式开始被更多的互联网商业大亨看重，如淘宝开放平台、腾讯的微博开放平台、百度的百度应用平台都是App思想的具体表现，一方面可以积聚各种不同类型的网络受众，另一方面可以借助App平台获取流量，其中包括大众流量和定向流量。目前用户基数较大、用户体验不错的几款电子商务方面的客户端有淘宝、天猫、唯品会、京东，大众点评等。

与传统移动媒体营销相比，App营销拥有无可比拟的优势。在信息的传播方式上，传统移动媒体主要是以短信形式为主，让消费者被动地接收产品或品牌信息，而App营销是企业将产品或品牌信息植于应用制作，通过用户自身主动下载，在使用应用的过程中达到信息传播的目的。在传播内容上，传统移动媒体传播的产品或品牌信息只是在字面上做文章，用户对产品或品牌不能产生全面的感知，而App中则可以包含图片、视频等诸多元素，用户可以全方位地感受产品或品牌。在用户行为上，用户应用传统移动媒体是被动地单向接收信息，往往容易产生反方面的效果，而App营销是依靠用户自己下载并可进行互动，更加容易取得传播效果。App营销是当今不可逆转的趋势。营销支付型App的功能包括：①企业形象推广，包括品牌图文介绍、活动图文介绍、新闻图文介绍和企业文化介绍等。②产品推广，包括产品分类（以便消费者快速找到自己需要的产品）、对产品多图文的详尽介绍和产品的售价。③广告营销，包括企业新闻、最新产品的报道等。④购物车，购物车的基本功能有一键预约、在线支付等。⑤客户管理，包括促销活动的推广以及和消费者的互动。如图4.25所示为营销支付型App功能。

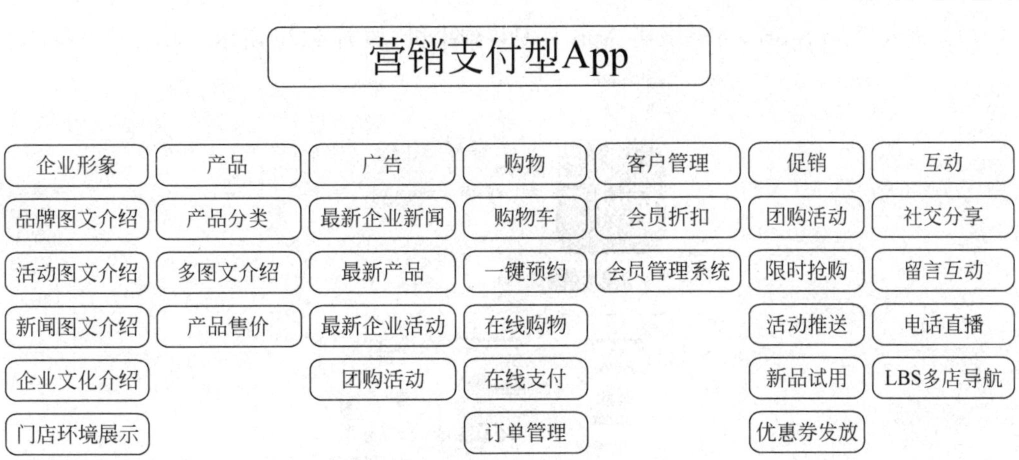

营销支付型App

企业形象	产品	广告	购物	客户管理	促销	互动
品牌图文介绍	产品分类	最新企业新闻	购物车	会员折扣	团购活动	社交分享
活动图文介绍	多图文介绍	最新产品	一键预约	会员管理系统	限时抢购	留言互动
新闻图文介绍	产品售价	最新企业活动	在线购物		活动推送	电话直播
企业文化介绍		团购活动	在线支付		新品试用	LBS多店导航
门店环境展示			订单管理		优惠券发放	

图 4.25　营销支付型 App 功能

4.4　微店申请

　　微店，是零成本开设的小型网店，属于第三方 App 软件的一个功能，没有资金压力，没有库存的风险，没有物流的烦恼，只需利用碎片时间和个人社交圈就可进行营销推广。缺点是店铺与顾客基本上没有互动，店铺商品不能与活动、粉丝结合，营销活动难以产生效果，加上微店依靠的客户来源较为局限，需要在朋友圈与朋友的朋友间进行推广，而这种营销方式一直遭受唾弃，不利于后期的发展，微店功能比较局限，作为移动端的新型产物，任何人通过手机号码即可开通自己的店铺，并通过一键分享到 SNS 平台来宣传自己的店铺并促成成交。降低了开店的门槛和复杂手续的复杂性，回款为 1~2 个工作日，且不收任何费用。微店每天会自动将前一天的货款全部提现至你的银行卡，让你及时回款（一般 1~2 个工作日到账）。

　　功能介绍：

　　（1）商品管理：轻松添加、编辑商品，并能一键分享至微信好友、微信朋友圈、新浪微博、QQ 空间。

　　（2）微信收款：不用事先添加商品，和客户谈妥价钱后，即可快速向客户发起收款，促成交易。

　　（3）订单管理：新订单自动推送、免费短信通知，扫描条形码输入快递单号，管理订单事半功倍。

　　（4）销售管理：支持查看 30 天的销售数据，包括每日订单统计，每日成交额统计、每日访客统计。

　　（5）客户管理：支持查看客户的收货信息、历史购买数据等，可分析客户喜好，有针对性地进行营销。

　　（6）我的收入：支持查看每一笔收入和提现记录，账目清清楚楚。

　　（7）促销管理：设置私密优惠活动吸引买家，商品价格更加灵活。

　　（8）我要推广：多种推广方式，给店铺带来更多的流量，提高销售额。

　　（9）卖家市场：批发市场、转发分成、附近微店、全面提升店铺等级。

　　下面就来体验微店申请。

(1) 进入 App Store,下载微店 App 并安装到手机,如图 4.26 所示。

图 4.26 微店 App

(2) 进入 App,如果已有账号,则直接登录,否则注册新用户。输入用户名、手机号,获取验证码,单击"注册",如图 4.27 所示。

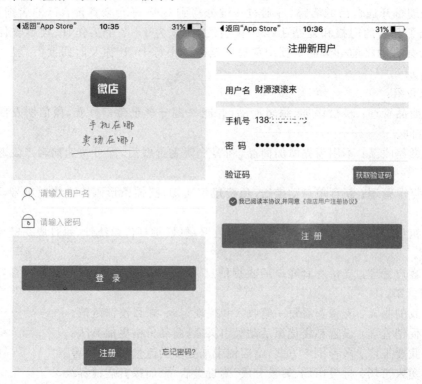

图 4.27 注册新用户

(3) 注册成功后进入主页面,可以看到如图 4.28 所示微店管理页面,在此页面可以看到微店的基本功能：微店管理、商品管理、微店分享、拼团、代理市场、货源市场、我的订单、本店 App 等。

图 4.28 "微店管理"页面

(4) 单击"微店管理",进入如图 4.29 所示页面进行店铺具体设置。这些信息非常关键,店铺的名字要能抓住消费者的眼球,店铺介绍既要涵盖店铺销售的商品又要突出特色。店铺的 LOGO 甚至比店铺的名字还要重要,一个好的 LOGO 能起到宣传店铺、吸引消费者的作用,最重要的是让人记住,看到此图标就联想到本店。同时要绑定 QQ、微信,以便在多平台营销。

(5) 店铺的基本资料完成后,单击"保存"按钮,退出回到主界面,单击"商品管理",设置自己的商品属性及价格等信息。如图 4.30 所示,先设定商品分类,分类完成后在每一类下面再添加商品。

(6) 添加商品。进入商品添加页面,上传商品照片,可以即时拍照,也可以从相册选择,同时设定商品的价格、商品分类、有无打折、是否推荐、是否包邮等信息。如图 4.31 所示。完成后单击"保存"按钮。按照此方法依次输入微店的所有商品。

(7) 微店分享。单击"微店分享",则页面下方出现微博、微信、QQ 空间等媒介,选择其中之一,分享微店,如图 4.32 所示,通过微信分享,单击微信图标,进入微信,选择好友,发送,同时可以给朋友留言。

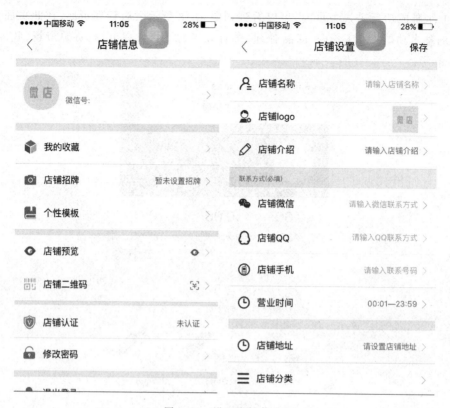

图 4.29 设置店铺信息

图 4.30 商品分类信息填写

图 4.31 添加商品

图 4.32 微店分享

4.5 本章小结

本章全面介绍了移动营销的相关知识,包括移动营销的特点和发展历程及趋势。重点讲述了移动广告作为移动营销的重要组成部分,其表现形式和效果。同时介绍了微信营销、微博营销、微商城营销和 App 营销各自的特点和营销方式及技巧。最后通过注册微商城了解移动营销的具体操作流程。

习题

利用手机下载微商城 App 注册用户并尝试开店。

第5章 移动支付

本章学习目标
- 了解移动支付的概念和特点；
- 掌握移动支付的运行模式。

随着以智能手机为代表的移动终端日益普及，以及 Wi-Fi、3G/4G 等无线通信技术的飞速进步和广泛应用，移动互联网蓬勃兴起。人们越来越多地使用各种移动终端从事电子商务，因此促进了移动电子商务的繁荣。而作为移动电子商务主要支付手段的移动支付，也得到了迅猛发展。

5.1 移动支付概述

1. 移动支付

移动支付是指消费者通过移动终端对所消费的商品或服务进行账务支付的一种支付方式。客户通过移动设备、互联网或者近距离传感器直接或间接向银行金融企业发送支付指令产生货币支付和资金转移，实现资金的移动支付，实现了终端设备、互联网、应用提供商以及金融机构的融合，完成了货币支付、缴费等金融业务。简单的移动支付是将所支付的钱直接计入移动电话账单中，这样的支付通常用在支付费用比较低的情况下；比较完善的移动支付业务则是将手机与信用卡号码链接起来，每次交易实质上是通过手机代替信用卡来支付费用。作为新兴的电子支付方式，移动支付拥有随时随地和方便、快捷、安全等诸多特点，消费者只要拥有一部手机，就可以完成理财或交易，享受移动支付带来的便利。应用领域一般包括充值、缴费、商品购买、银证业务、商场购物和网上服务等。

随着移动通信从语音业务转向数字业务，各种移动增值业务层出不穷，而移动支付就成为其中的一个亮点。2003年2月，欧洲四家最大的无线运营商——西班牙的 Telefonica Moviles 公司、德国的 T-Mobile 公司、英国的 Orange 公司和沃达丰公司宣布组建移动支付服务联盟。其主要目的是为商人、手机用户和银行之间提供安全的支付手段。四家移动运营商的总用户超过2亿，其中英国的沃达丰更是全球最大的移动运营商。在我国，中国联通和中国移动也分别于2002年下半年在广东启动了移动支付业务。中国移动支付市场发展潜力巨大。各参与方虽然积极布局，但是大多数移动支付业务与产品仍处在试商用阶段，且没有形成健全的移动支付生态系统。纵观中国移动支付产业,金融机构、运营商、第三方支付和第三方可信服务管理平台的商业模式虽各有不同,但整体上产业链企业趋向于合作共赢。

移动支付的模式有不同的划分标准,比较常用的有如下几种。

根据支付账户的不同,移动支付可分为:①银行卡账户支付:用户在移动终端上操作银行卡账户进行支付。②话费账户支付:用户在移动终端上操作手机话费账户进行支付。③中间账户支付:用户在移动运营商或第三方支付企业开通自有账户,先充值后消费,用户在移动终端上操作自有账户。

根据运营主体的不同,移动支付可分为:①移动运营商为主体的移动支付:移动支付平台由移动运营商建设、运行、维护及管理。②银行为主体的移动支付:银行为用户提供付款途径,通过可靠的银行系统进行鉴权、支付。移动运营商只为银行和用户提供信息通道,不参与支付过程。③第三方支付企业为主体的移动支付:移动支付平台由第三方支付企业建设、运行、维护和管理。

根据技术手段的不同,移动支付可分为:①远程支付:也称为线上支付,是指利用移动终端通过移动通信网络接入移动支付后台系统,完成支付行为的支付方式。结合交易对象是个人对个人还是个人对企业来区分,还可以将远程支付分为远程转账和远程在线支付。一个典型的远程支付的流程是发生在用户通过移动终端在电子商务网站购买产品后,按照商家提供的付款界面,跳转至手机银行或第三方移动支付页面完成支付。此外,通过 SMS、IVR 等方式进行的移动支付也属于远程支付。②近场支付:用户使用移动终端和配套的受理终端,通过 NFC、RF-SIM、SIMpass、RF-SD 等近距离非接触式技术,实现对商品或服务的现场支付。常见的近距离通信技术包括蓝牙、红外线、RFID 等,目前 NFC(Near Field Communication)技术是移动支付领域的主流技术,美国、欧洲、日本等国家都纷纷开始推广 NFC 技术。此外,通过外接读卡器使智能手机实现 POS 终端刷卡功能的创新支付模式(这里称之为"类 Square 模式"),也可以划分到近场支付的范畴内。这种支付方式起源于美国的 Square 公司,随后 PayPal 等第三方支付公司也纷纷推出类似产品,在中国,则出现了钱方支付、盒子支付等类似参与企业。就目前中国移动支付产业的发展状况来看,远程支付领域相对发展成熟。远程支付市场推出了面向大众的成熟产品,如手机支付宝等,移动电子商务成交量、移动支付金额都在攀升。但是,在近场支付领域的发展就显得相对缓慢,仍以金融机构、运营商和行业企业的城市商业试点的推进为主。其中,中国联通与中国电信在多个省市试点了 NFC 移动支付,但仍未大规模商用;中国移动在部分省市所开展的区域性试点中,也有比较成功的案例,如深圳手机通。而类 Square 模式的创新支付企业钱方支付、盒子支付等也是刚刚推出产品,发展时间尚短。

移动支付的特点:

(1)移动性。由于移动终端具有其特定服务实现的随身性和极好的移动性,可以使消费者从长途奔波到指定地点办理业务的束缚中解脱出来,摆脱营业厅特定地域限制。

(2)实时性。移动通信终端和互联网平台的交互取代了传统的人工操作,使移动支付不再仅仅受限于相关金融企业、商家的营业时间,实现了 7×24 小时的便捷服务。移动支付的实现使消费者可以足不出户,也避免了毫无价值的排队等候。

(3)快捷性。移动支付同时还具有缴费准确、无需兑付零钱、快捷、多功能、全天候服务、网点无人值守的快捷性。

2. 移动支付的发展历程

2002—2005 年是移动支付的起步阶段,市场发展比较缓慢、不尽人意,除了为数不多的几个成功案例,如日本的 FeliCa、菲律宾的 G-Cash 和 SmartMoney 之外,可以说没有什么更多的亮点。尤其是 2005 年,移动运营商发起的 Simpay 阵营由于没有如期在欧洲完成统一的移动支付框架而宣告失败,更使市场雪上加霜。另外,2002—2004 年期间,Vodafone 的 mPay、T-Mobile 的 MobileWallet、Mobilkom 的 Paybox 和西班牙的 MobiPay 在移动支付领域也均没有对市场产生应有的影响。在同一时期由中国移动、中国银联联合各大国有银行及股份制商业银行共同推出的"手机钱包",则允许用户可通过营业厅、短信、USSD、语音电话、网络银行等多种方式定制手机钱包,把自己银联联网的银行卡与手机号码绑定,但是市场的普及率和渗透率也差强人意。与此同时,媒体进行了大量的炒作报道,但是由于刚刚开始涉及移动支付业务,中国运营商没有太多的经验,而且技术并不成熟,市场发展十分缓慢。因此,这个时期的移动支付市场还是一个业务导入阶段。

2007—2009 年是移动支付服务的商业模式探索阶段。在此时间段,产业主导者不清晰,金融机构和移动运营商的议价能力相当有限,产业实际投入力度比较低。用户体验较差,因为国内信用体系和安全保障问题并未得到实质性解决,用户通过移动支付购买的物品和服务并不丰富,并没有带来真正的便捷。尽管如此,由于电子商务的普及以及人们对于消费支付新的需求,这个时期移动支付市场的规模增长还是十分惊人的。这个时期是移动支付产业的规模成长期。

2009—2012 年是移动支付服务的稳定发展阶段。2010 年之前智能手机渗透率过低,限制了远程支付和近场支付的应用推广。2010 年国内智能手机出货量 6200 万部,渗透率仅为 7%。远程支付除了手机短信等方式,更多的是使用移动网络进行交易,智能终端的升级提升了手机网络支付的速度和使用感受,而装有 NFC 近场支付模块和智能存储卡的手机基本为智能手机。在日益激烈的竞争压力下,移动运营商和金融机构为了增强业务吸引力,纷纷拓展更广泛的服务内容和支付通道。3G 网络覆盖区域的扩大和网络优化的持续,移动支付服务内容的不断丰富,加之不断改善的硬件环境,用户体验不断提升,越来越多的用户开始使用该服务;同时,早期进入该市场的第三方支付平台成功吸引了越来越多的参与者,监管政策的完善、商业模式的创新有效地平衡了价值链各环节的利益,促进价值链的良性发展。

2012 年是中国移动支付发展的关键一年。一方面,支付标准等相关政策的出台,为产业营造起良性的竞争环境,保证行业的健康发展;另一方面,产业链各方纷纷加大投入力度,推出创新产品,抢占市场先机。随着 2013 年的到来,一方面,整个移动支付产业将从标准出台、NFC 终端、应用环境、用户及商户的使用行为习惯等多方面逐步铺平发展障碍;另一方面,以 O2O 电子商务委为代表的周边产业的快速发展将迅速带动移动支付向线下应用场景拓展与延伸,线下场景将成为移动支付市场真正爆发的核心。根据艾瑞咨询的统计数据显示,2012 年中国第三方支付行业移动支付市场交易规模达 1511.4 亿元,同比增长 89.2%;预计 2016 年中国移动支付市场交易规模将突破万亿交易规模,达到 13 583.4 亿元,如图 5.1 所示。强大的数据意味着,今后几年移动支付业务将呈现持续走强趋势。

图 5.2 所示为 2010—2015 年中国移动支付用户规模。

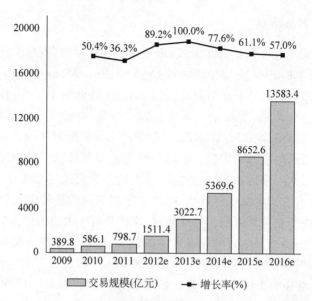

图 5.1　2009—2016 年中国第三方移动支付市场交易规模

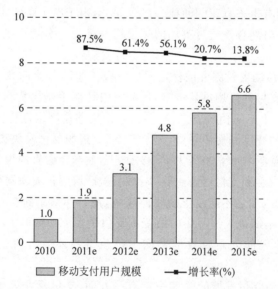

图 5.2　2010—2015 年中国移动支付用户规模(亿)

3. 移动支付的产业链与运作模式

移动支付业务的产业链由标准的制定者、设备制造商、银行、移动运营商、移动支付服务提供商(或移动支付平台运营商)、商家、用户等多个环节组成。标准的制定者是指国家独立机构、国际组织和政府，它们负责标准的制定和统一，来协调各个环节的利益。由于移动设备厂商在向运营商提供移动通信系统设备的同时，还推出了包括移动支付业务在内的数据业务平台和业务解决方案，这为运营商提供移动支付业务奠定了基础。从终端的角度来看，支持各种移动数据业务的手机不断推向市场，这为移动支付业务的不断发展创造了条件。

如图 5.3 所示为移动支付的产业链。移动运营商的主要任务是搭建移动支付平台，为移动支付提供安全的通信渠道，它们是连接用户、金融机构和服务提供商的重要桥梁，在推动移动支付业务的发展中起着关键性的作用。目前，移动运营商能提供语音、SMS、WAP 等多种通信手段，并能为不同级别的支付业务提供不同等级的安全服务。银行等金融机构需要为移动支付平台建立一套完整、灵活的安全体系，从而保证用户支付过程的安全通畅。显然，与移动运营商相比，银行不仅拥有以现金、信用卡及支票为基础的支付系统，还拥有个人用户、商家资源。作为银行和运营商之间的衔接环节，第三方移动支付服务提供商在移动支付业务的发展进程中发挥着十分重要的作用。独立的第三方移动支付服务提供商具有整合移动运营商和银行等各方面资源并协调各方面关系的能力，能为手机用户提供丰富的移动支付业务，吸引用户为应用支付各种费用。对于商家而言，在商场和零售店部署移动支付系统，在一定程度上能减少支付的中间环节，降低经营、服务和管理成本，提高支付的效率，获得更高的用户满意度。

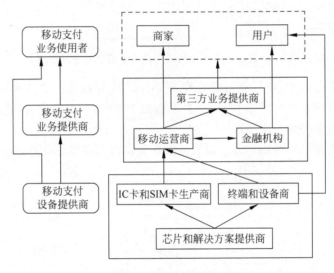

图 5.3 移动支付的产业链

4. 移动支付的流程

移动支付与一般的支付行为没有太大的区别，都要涉及四个环节：消费者、出售者、发行方和收款方。其中发行单位和收款单位都应该是金融机构。如图 5.4 所示为移动支付流程。

移动支付与普通的支付不同之处，在于交易资格审查处理过程有所不同。因为这些都涉及到移动网络运营商以及所使用的浏览协议，例如 WAP 或 HTML、信息系统 SMS 或 USSD（Unstructured Supplementary Service Data）等。

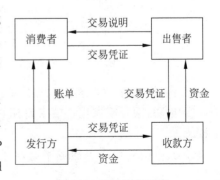

图 5.4 移动支付流程

通过移动终端开展的某电信公司电子商务业务活动,其电子商务平台支持移动终端用户的多种使用方式,如短信、BREW、WAP、IVR等方式,下面以短信方式描述银联支付业务流程。

1) 建立绑定关系流程

为方便移动终端用户使用某电信公司电子商务平台业务,同时保证移动终端用户交易的安全,在移动终端用户使用银行账号进行支付之前,通过某电信公司电子商务平台和银联为移动终端用户建立移动终端用户卡号与该用户的银行卡号之间的绑定关系,确保用户交易安全。移动终端用户在开展基于银行账户支付方式之前,用户需要通过银行POS、ATM或银行IVR等建立移动终端用户卡号与该用户的银行卡号之间的绑定关系,该关系保存在银联和某电信公司电子商务两个平台中,如图5.5所示。

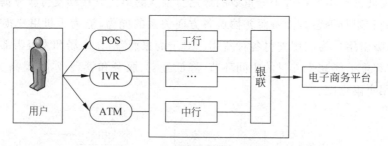

图5.5 终端用户卡号与该用户的银行卡号之间绑定

在具体的操作过程中,银行或银联修改POS、ATM等设备的功能菜单,增加移动终端手机号码与银行卡建立对应关系栏,用户只要通过POS、ATM鉴权后,就可以建立手机卡号与该用户的银行卡号的对应关系。

图5.6所示是移动终端用户通过银联系统建立银行卡号与移动终端手机号码绑定关系的流程图。

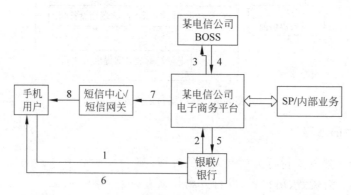

图5.6 建立银行卡号与移动终端手机号码绑定关系的流程图

① 银联/银行POS机上根据菜单提示手机号码与银行账号绑定关系请求。

② 银联/银行根据用户请求将用户手机号码送到某电信公司电子商务平台进行用户鉴权。

③ 某电信公司电子商务平台将手机号验证请求发送到某电信公司BOSS进行用户鉴权。

④ 某电信公司 BOSS 检测用户手机号码是否合法,然后将结果返回给某电信公司电子商务平台。某电信公司电子商务平台收到某电信公司 BOSS 返回结果后,将结果返回给银行,如某电信公司 BOSS 返回结果为合法,则在某电信公司电子商务平台建设用户账户辅助管理信息(结合某电信公司 BOSS 和银联/银行对用户绑定关系进行辅助管理),并通过图 5.6 中 7、8 两个步骤发送绑定关系成功短信息给用户。

⑤ 某电信公司电子商务平台收到某电信公司 BOSS 系统返回结果后,提示用户相应信息,如用户手机合法则银行建立手机号码与银行账户的对应关系。

2) 取消绑定关系流程

① 通过银联/银行 POS 机或电话银行提出手机号码与银行账号取消绑定关系的请求。

② 银联/银行根据用户请求将用户手机号码发送到某电信公司电子商务平台。

③ 某电信公司电子商务平台将请求进行记载,并修改用户资料状态。然后返回信息给银联/银行。同时通过图 5.6 中 5、6 步骤给用户发送短信息通知绑定关系已被取消。

④ 银联/银行给用户返回取消绑定关系的结果。

3) 银行账户查询流程

① 用户发送账户查询消息到某电信公司电子商务平台,查询请求送到接入系统(短信网关/短信中心)。

② 接入系统(短信网关/短信中心)把消息发送到某电信公司电子商务平台。

③ 某电信公司电子商务平台将查询请求转发到银联/银行。

④ 银联/银行将查询结果回应给某电信公司电子商务平台。

⑤ 某电信公司电子商务平台将查询结果转发到短信中心/短信网关。

⑥ 短信中心/短信网关将查询结果转发到用户手机。

4) 支付流程(如图 5.7 所示)

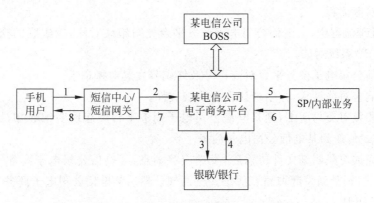

图 5.7 手机支付业务系统处理流程图

① 用户发送账户支付消息到某电信公司电子商务平台,支付请求送到接入系统(短信网关/短信中心)。

② 接入系统(短信网关/短信中心)把消息发送到某电信公司电子商务平台。

③ 某电信公司电子商务平台将消费请求转发到银联/银行。

④ 银联/银行验证用户,查询到用户对应的银行账号,扣除费用,将扣款请求处理结果回应给某电信公司电子商务平台。

⑤ 某电信公司电子商务平台将业务处理请求转发到 SP。
⑥ SP 回应业务处理结果。
⑦ 某电信公司电子商务平台将支付处理结果转发到短信中心/短信网关。
⑧ 短信中心/短信网关将支付处理结果转发到用户手机。

5）撤销流程（如图 5.8 所示）

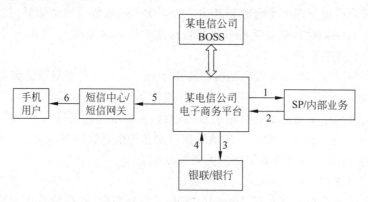

图 5.8 撤销流程

① 某电信公司电子商务平台向 SP 发送业务撤销请求。
② SP 系统进行业务撤销处理，并返回结果。
③ 某电信公司电子商务平台向银联发起消费撤销请求。
④ 银联返回消费撤销处理结果。
⑤ 某电信公司电子商务平台将交易撤销结果信息发送到短信网关。
⑥ 短信网关将交易撤销结果信息转发到手机。

6）交易对账流程

在对账处理流程中，某电信公司电子商务平台先与银联对账，以银联的交易记录为准；平账后，再与 SP 系统对账。

① 某电信公司电子商务平台对商户号及终端号发起对账请求。
② 银联响应对账请求，并生产该批次明细文件。
③ 若需要核对交易明细，则某电信公司电子商务平台发起取明细通知，银联将明细文件以 ftp 的方式传送到某电信公司电子商务平台。
④ 银联完成对账明细文件传输后，发送应答消息，某电信公司电子商务平台验证明细文件，若不合法，则重新发起取对账明细文件通知。然后某电信公司电子商务平台负责与银联交易的平账处理。
⑤ 某电信公司电子商务平台与银联对账平后，将交易明细生成文件 ftp 送到 SP 系统，并发送与 SP 的对账请求。
⑥ SP 返回对账结果到某电信电子商务平台。

7）用户资料核对流程

① 某电信公司电子商务平台向银联发起取用户资料通知，银联将用户资料以 ftp 的方式传送到某电信公司电子商务平台。
② 银联完成用户资料文件传输后，发送应答消息。某电信公司电子商务平台验证用户

资料文件,若不合法,则重新发送取用户资料文件通知。某电信公司电子商务平台负责与银联用户资料同步。

5. 移动支付发展前景

1) 替代纸币虚拟化

美国移动支付公司 Square 的出现引领了一场支付方式革命——抛却烦琐的现金交易和各种名目繁多的银行卡,只需要一部智能手机或平板电脑即可完成付款;正如 Square 的宣传语一样,整个交易过程"无现金、无卡片、无收据"。包括 Square 在内,GoogleWallet、PayPal 以及其他 NFC 支付技术正带领人们走向一个无纸质货币时代。

2) 银行服务移动化

Simple 又名 BankSimple,是一款专注于移动银行业务的全方位个人理财工具。通过其 iPhone 应用,用户就能完成存取款、转账等各种操作,存取票据用手机拍照保存即可。再也不用亲自跑去银行取号排队办理业务。

通过与全美最大的无中介费 ATM 网络组织 Allpoint 合作,Simple 的所有操作都不需要任何手续费用。其 CEO Joshua Reich 称:"目前的银行系统最大的利润来自各种各样让客户迷惑不解的手续费,而非银行服务本身。Simple 的宗旨就是让客户的银行业务简单明了,每一笔钱花在哪里都一清二楚。"

3) 理财工具贴身化

Planwise 是一款免费的个人理财软件,它能让普通消费者为不同的财务目标创建不同的理财计划,并根据实际消费随时进行调整。其创始人 Vincent Turner 有着十多年的金融互联网行业经验,他希望通过 Planwise 让消费者清晰掌控自己的财务状况。

个人理财应用是主流需求,却不受人们欢迎——因为它们需要登录用户的银行账号。但大多数人又需要知道自己有多少钱,并且需要有个"顾问"告诉他哪些钱该花哪些不该花。仍在继续发展完善的个人理财工具就将成为这个顾问,并通过实时数据(例如历史交易、线上/下支付等)帮助人们作出更正确的财务决策。

4) 虚拟货币国际化

比特币(Bitcoin)是一种 P2P(Peer to Peer,点对点)虚拟货币,类似于 Q 币,它以文件的形式储存在电脑里。可以用它购买一些虚拟物品,如果对方接受,也可以用 Bitcoin 购买现实物品。Bitcoin 与 Q 币和现实货币最大的不同点在于,它不属于国家或任何组织和个人,任何人只需有一台联网的电脑就能参与其中;在 Bitcoin 的世界里,货币的自由度达到空前高度。而因为系统产生 Bitcoin 的速度和数量有限,许多急着使用 Bitcoin 的用户宁愿用现实货币与其他人兑换,如此一来,Bitcoin 就开始流通。

6. 移动支付运营障碍与建议

1) 市场发展障碍

消费者对于移动支付最关心的就是三个问题:安全性、私密性和易用性,而这三个问题也恰恰是阻碍移动支付业务发展的关键因素。Forrester Research 调查公司做过一份调查显示,超过一半的消费者认为信用卡安全是最大的问题。除了实际安全问题的忧虑,还有用户心理上的安全忧虑问题。Forrester Research 在调查中就发现,只有低于 15% 的人完全信任移动支付,而65%的用户拒绝通过移动网络发送自己的支付卡资料。可见移动支付要想取得成功,除了解决实际的安全问题,还需要克服用户的心理安全问题。这其中还需要移动运营商与设备厂商、金融机构建立统一的标准。

而银行与电信运营商之间也存在顾虑。对于电信运营商来说,发展手机支付市场对他们来说也具有很大诱惑力。但银行机构担心电信运营商控制他们的金融交易过程,在交易的过程中容易引发矛盾;而电信运营商则认为,银行有承担风险的能力,他们只有设备及技术上的优势,不能管理风险。这样就会导致他们之间的合作障碍。

2)移动支付运营策略

(1)解决安全问题

安全无疑是移动支付的最大障碍。安全问题如果可以很好地得到解决,不仅消费者和合作者会增强信心,而且也会大大减少业务运营中会出现的欺诈问题,降低系统运营成本。现在的安全措施都比较简易,主要通过用户的PIN进行识别。但是更高级的安全问题需要从以下四个方面着手。

- 身份认定:由支付提供方(即发行方)对用户进行鉴定,确认其是否为已授权用户。
- 保密性:保证未被授权者不能获取敏感支付数据,这些数据会给某些欺诈行为提供方便。
- 数据完整性:这个特性可以保证支付数据在用户同意交易处理之后不会被更改。
- 不可否认性:可以避免交易完成后交易者不承担交易后果。

(2)可用性和互操作问题

可用性也非常关键,这不仅涉及友好的用户界面,还包括用户可以通过移动支付购买的货品和业务是否充足、业务可达的地理范围等。而且操作问题也不仅仅局限于用户终端,还包括用户在支付时直接打交道的收款机、POS机、自动贩售机等,这些都需要制定一些行业标准,与相关行业企业达成共识。

(3)市场认知度与理解

移动支付能否成功,关键还在于用户能否接受和习惯这种支付方式,以及哪些用户会最先接受。一般人都已经非常习惯于通过钱包、信用卡等方式支付,对于移动支付这种新的概念,仍然需要一定的时间去认识、接受和习惯。要解决这个问题,就必须要提高移动支付的市场认知度和理解程度。另外,对于与移动支付相关的其他行业的企业(如银行、零售商等),也需要充分认识移动支付可能给他们带来的好处和商机,这些都与移动支付的发展密不可分。

(4)选择合适的合作者

移动支付还是个新兴的业务,能否成熟壮大要看今后几年的发展情况。但是有一点是非常明确的,那就是这绝对不是一家能够独吞的市场,而是具有自己的产业链和经营模式,需要多方共同合作经营。移动运营商也必须和以前没有合作经验的企业(如信用卡机构、零售机构、设备厂家等)进行合作,因此必须调配好各方利益关系,建立收入分成模式,选择有实力的合作者。

移动支付是移动通信向人们的日常生活进一步渗透的过程,这个过程必然会有从不成熟到成熟、从不被认可到认可的过程,因此无论是运营商还是参与其中的金融机构、零售业等,都应该详细分析这个新兴业务的各个环节,为可能遇到的障碍做好充分的准备。

5.2 移动支付的运营模式

移动支付的运营模式主要有以下三类：以移动运营商为运营主体的移动支付业务、以银行为运营主体的移动支付业务和以独立的第三方为运营主体的移动支付业务。这三类模式各有优缺点，在移动支付业务产业价值链中，移动运营商、银行、第三方服务提供商拥有各自不同的资源优势，只有彼此合理分工、密切合作，建立科学合理的移动支付业务的运作模式，才能推动移动支付业务的健康发展，实现各方之间的共赢。

5.2.1 移动支付三种运营模式

1. 移动运营商为运营主体

当移动运营商作为移动支付平台的运营主体时，移动运行商会以用户手机话费账户或专门的小额账户作为移动支付账户，用户所发生的移动支付交易费用全部从用户话费账户或小额账户中扣减。以运营商为主体的运营模式具备以下特点：直接和用户发生交易关系，技术实现简便；发生大额交易可能与国家金融政策相抵触，运营商需承担部分金融机构的责任。

中国移动的移动支付类业务分为远程及现场两个模块。其中，远程模块类似于支付宝、微信支付等第三方支付产品，主要应用于线上远程支付交易；现场模块即为和包 NFC 业务，通过将各种电子卡片应用(如银行卡、公交卡、校园企业一卡通、会员卡等)加载到 NFC-SIM 卡中，为用户提供一种安全、便捷、一卡多用的服务，用户可持装载 NFC-SIM 卡的 NFC 终端以非接触的方式在电子卡应用所对应的受理终端上使用。

NFC(Near Field Communication)即近场通信，是一种短距高频的非接触式识别和传输技术。和蓝牙相比，NFC 技术操作简单，配对快速；和 RFID 技术相比，NFC 技术适用范围广泛，可读可写，能直接集成在手机中；和红外线相比，NFC 技术数据传输较快、安全性高、能耗低(可以无电读取)；和二维码相比，NFC 技术识别快速，信息类型多样。性能优越的 NFC 技术，可适用于很多场景，如移动支付、公交卡、门禁卡、车票/门票等。用户可直接通过带有 NFC 功能的手机购物、签到、乘公交或刷门票等，即使手机没电了，仍然可以当作交通卡使用。

和包，是中国移动推出的一项综合性移动支付服务，方便用户线上、线下支付，安全和快捷是它的优势。此外，话费充值、电子券、互联网理财等"明星"应用，深受和包用户的欢迎。对用户来说，和包具有多卡合一功能强、可视操作易管理、符合金融安全标准、办理/使用方便快捷等优势；对合作伙伴而言，"和包"能提高用户黏性，提高用户转化率，提升服务效率，降低运营/服务成本，实现新模式转型；对整个社会而言，和包能够改善公共服务，节省公共资源，助力经济增长。同时，和包还具有国内首例 NFC-SWP 方案、完美空中发卡渠道、强大开放平台支撑、强劲终端品牌支持、庞大用户基础等特点，更安全、灵活，且低成本、高效率。据悉，支持中国移动和包 NFC 业务的手机已经十分丰富，三星、索尼、HTC、华为等国内外主流品牌的主力机型都内置了 NFC 模块。北京移动用户只需拿着自己的身份证去指定营业厅就能更换 NFC-SIM 卡。

早在 2013 年 7 月，北京移动用户就已经实现了刷 NFC 定制手机乘坐公交地铁，如图 5.9 所示为刷手机乘坐地铁。2014 年 9 月，北京邮电大学内实现了 NFC 校园一卡通。该应用平台可以同时下载校园卡和北京市政一卡通卡，两卡应用并存，学生不仅能在校园内支付、购物、借书，还可以乘坐北京公交、地铁，也可以到一卡通商户进行消费。这在全国 211 高校中尚属首次应用。

截至 2015 年年底，北京已有 30 个高校 50 多个校区的 NFC 校园一卡通项目立项，北京邮电大学、北京交通大学、中国科学院大学、首都医科大学、北京科技大学、北京中医药大学、北京外国语大学、北京第二外国语大学、北京石油化工学院、首都经济贸易大学 10 所学校已经投入使用，其他高校正在陆续建设测试中。

图 5.9　刷手机乘坐地铁

此外，北京移动工作人员表示，市政交通一卡通项目在住建部互联互通及交通部的京津冀一体化网络背景下，将全面覆盖互联互通的省市，实现交通消费、空中充值、空中查询。支持北京话费、电子券、积分等多种多样的充值渠道。

2015 年，中国移动 NFC-SIM 卡发放量逾 1000 万，NFC 用户约 600 万户，上线应用 150 余个，全国超过 600 万台 POS 机支持 NFC 支付，2000 多个 POS 机实现支持 NFC 消费"和包电子券"。用户可以在线上、线下 3 万家商户方便地使用和包，其中包括京东、当当等知名电商和家乐福等大型商超。北京移动还定期举行电子券产品满意度评测，第一时间了解用户需求，不断改进产品和服务，图 5.10 所示为 NFC-SIM 卡。

此外，北京移动"和包 NFC"业务已和 45 家银行合作，将其银行卡放入北京的 NFC-SIM 卡中，实现手机银行 IC 卡功能，可在支持银联"闪付"（Quick Pass）的 POS 机上进行小额快速消费。用户通过光大银行柜台、自助设备以及和包客户端可对电子现金卡进行充值，卡片限额为 1000 元。

根据媒体 2016 年 4 月的消息，中国银联与小米公司宣布，基于小米手机联合设计推出 NFC 移动支付。其实早在此前，中国银联与小米手机已经基于银联"云闪付"开展了一系列

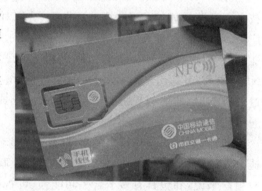

图 5.10　NFC-SIM 卡

合作，小米旗下米 3、米 5 等多款手机均可以使用银联"云闪付"HCE，而此次双方的合作可谓是进一步升级。

小米公司董事长兼 CEO 雷军表示，小米致力于让用户觉得产品好用，提高活跃度和持续性，而基于 NFC 技术的移动支付产品是最安全、最便捷支付的选择之一，也是未来手机发展的重要方向之一。中国银联总裁时文朝高度认同小米提出的"新国货运动"，愿意联合小

米等国内手机厂商一起发力。

Juniper最近发布了一份关于NFC用户的调查报告,报告预计到2019年年终,全球NFC非接触支付用户将达到5.16亿,是现在的五倍多。报告中还预测,2020年后,世界上将有3/4的手机都支持NFC功能。

在TSM平台的建设上,体现了NFC发展的趋势。据Berg Insight调查显示,到2018年,2/3的手机将支持NFC功能,NFC手机的出货量将达到12亿台。另外,Berg Insight的预测报告显示,到2017年,全球53%的POS机将支持NFC。

NFC-SIM卡的数量逐渐增长。据SIMalliance调查,就全球市场来说,2011年为1600万张,2012年为3000万张,2013年为7800万张,增长率逐年上升。2013年11月,中国电子银行网发布《生活服务&新型支付测试研究》报告中揭示了用户对NFC支付的认知情况和接受度。采集数据的对象主要集中在70后和80后(占比69%)、学历为大学(专科或本科,占比82%)、个人月收入在3000～15 000之间(占比76%)、职业为事业单位和企业公司职员(占比80.2%)的人群。调查显示,21%的受访者听说过NFC近场支付,个人月均收入为8001～10 000元的受访者中近三成(29.7%)知道NFC近场支付。用户对成型的NFC产品认知度较高,听说过NFC近场支付概念的受访者中,有63.8%的人知道手机钱包,56.2%的人知道拉卡拉、乐刷等刷卡器。支撑NFC技术的基础硬件(卡、智能手机、POS机等)被认知率在45%～52%之间。

报告表明,15.4%的被访者使用过NFC,有近九成用户愿意使用NFC。其中,从年龄来看,80后(25～34岁)群体是使用NFC的主力军,比例较高,占到18.2%,高达90%的人表示未来愿意使用NFC;从收入来看,月均在5001～8000元的被访者群体中,有高达93.9%的人表示未来将使用NFC的意愿。33.3%的人认为,NFC在安全性上也更高。

这几份调查颇具代表性地表现了当今NFC普及率较低的问题。无论是从国外调查来看,还是从国内的针对性研究来分析,NFC本身的被认知率依然较低,对此技术毫无概念的人群占有多数,由此导致NFC支付的使用人群更是占较少数。而另一方面,年轻消费群体和收入较高人士对于新型的支付方式持乐观态度,绝大部分愿意未来使用NFC支付方式。

总的来说,NFC技术有其独有的安全优势,随着NFC手机的增加,正在逐渐地向其他电子设备延伸,配合移动设备的使用能快速建立人与物的联系,方便人们的生活。Apple Pay的到来,给NFC移动支付领域打了一剂强心针,将有效地促进NFC技术在移动支付领域的发展。但是如今NFC技术的应用范围较小,人们的认知率和使用率都很低,普通人群很少有人了解这个技术,真正普及尚需时日,因此需要产业内各行各业共同努力来推动NFC的发展,让预测真正变成现实。

2. 银行为运营主体

1) 手机银行运营模式

该模式下通过专线与移动通信网络实现互联,将银行账户与手机账户绑定,用户通过银行卡账户进行移动支付。该运营模式的特点是移动支付业务不能够实现跨行互联互通,各银行只能为自己的用户提供服务。作为一种新型的银行服务渠道,手机银行不仅具有网上银行全网互联和高速数据交换等优势,更具有移动通信随时、随地、贴身、快捷、方便、时尚的特性。手机银行是网上银行、电话银行之后又一种方便银行用户的金融业务服务方式,它延长了银行的服务时间,扩大了银行的服务范围,也无形中增加了银行业务网点,真正实现了 7×24 小时全天候服务,大大拓展了银行的中间业务范围。金融研究机构银率网近日发布的手机银行研究报告显示,随着移动互联网和智能手机的日益普及,手机银行在银行电子化的进程中扮演着越来越重要的角色,支付服务创新将成为手机银行的竞争焦点。

手机银行的业务主要涵盖三大模块:基础业务、生活服务和支付功能。如图 5.11 所示为中国工商银行手机银行及其主要功能。

图 5.11　中国工商银行手机银行

在手机银行产业链中,业务运营涉及银行、移动运营商、第三方服务提供商、手机制造商、芯片制造商等不同主体。根据业务主导力量的不同,手机银行的业务模式大致可以分为两类。

(1) 以银行为主导的手机银行模式。手机银行是商业银行利用移动互联网提供的一种新型金融服务。通过将手机号码与银行账户进行绑定,客户可以通过使用手机来获得各种银行服务,即银行将柜台上非现金交易和不涉及实物单证的业务从传统互联网向移动互联网终端(即手机)延伸。从银行角度看,移动运营商应该是商业银行开办手机银行业务的一个重要通道,负责提供相应的技术支持和信息服务。客户通过运营商提供的通道能够接触到各种类型的银行服务。

从实现方式上看,这种手机银行业务操作又可以分为三类。

① 基于 WAP 的模式。通过手机自带或内嵌的 WAP(Wireless Application Protocol)浏览器访问银行网站,即利用手机上网处理银行业务的在线服务,客户端无需安装软件,只需手机开通 WAP 服务。这种模式的兼容性很高,但受制于手机上网的速度,同时在满足客户体验方面缺乏吸引力。

② 基于客户端的模式。这种模式是将手机银行的客户端软件安装嵌入客户手机界面，客户通过操作银行提供的客户端软件访问登录手机银行。基于客户端的模式能够为客户提供银行特色服务，有效满足客户体验需求，但是需要银行不断开发新的客户端程序来适配不同款式的手机，运行成本较高。

③ 基于短信的模式。短信模式是指银行按照客户通过手机短信发送的指令，为客户办理查询、转账、汇款、捐款、消费、缴费等业务，并将交易结果以短信方式通知客户的金融服务方式。短信方式门槛较低，但功能有限，难以实现交互业务，而且最大的问题在于要求客户熟记各家银行的短码，反而不方便。

（2）以移动运营商为主导的手机银行模式。从移动运营商的角度看，凭借移动通信技术、市场网络和客户信息资源等方面的优势，移动运营商足以开展相应的手机银行业务，特别是在移动支付方面，商业银行可以成为其开展移动支付业务在金融方面的资金结算后台。这种模式由移动运营商或第三方服务商设立手机钱包，客户首先通过自助设备等渠道将资金充值到手机钱包账户，然后从该手机钱包账户进行支付。

2）手机银行的应用

作为新兴移动金融服务的终端，一部手机等同于一张银行卡、一个 POS 机终端、一个 ATM 机和一个网上银行终端。借助便捷性、低成本和广覆盖等优势特征，手机银行成为继银行卡、POS 机、ATM 机和网上银行之后的又一种新兴的无分支行网点银行业务模式。我国银行网点集中于城市，广大农村地区人均银行资源拥有量少，而在大中型城市中，在银行网点办理业务往往要耗费大量时间。手机银行不但可以满足上述人群的金融服务需求，还可以缓解银行网点的工作压力，发展前景十分广阔。从手机银行的发展历程来看，目前的手机银行主要应用于两大领域。

（1）城市消费金融领域。手机银行作为一种新兴的银行服务模式，在移动互联技术突破和高速数据交换等优势的基础上，更容易满足消费者随时、随地、贴身、快捷、方便、时尚的个性化金融服务需求，真正实现 4A（Anytime、Anywhere、Anyhow、Anyone）的银行业务办理。一般而言，手机银行客户大都是频繁使用金融业务的人群。目前，国际上比较成熟的手机银行业务主要涉及账户服务、经纪业务和信息服务三大类。服务内容涵盖账户信息查询、存取款、支付、转账、金融产品价格查询与买卖、银行产品信息提供等。在日本，手机银行客户的手机可以用作机场登机验证、大厦的门禁钥匙、交通一卡通、信用卡、支付卡等。所有的日本机场都支持可支付手机，日本国内航班的乘客只要刷一下自己的手机就可以完成登机检录，并记录飞行里程点数。美国最大的 10 家银行、所有大通信运营商以及 Visa 和 MasterCard 卡商都在试用 NFC 支付功能。美国 ComScore 在 2009 年 7 月 9 日发布的报告《移动金融服务：现状和机遇》提出，提升的用户体验、更好的网络浏览能力、更快的网速导致手机银行市场飞速增长；美国 44.1% 的智能手机和 53.3% 的 3G 使用者更倾向于通过手机上网来使用银行服务。

（2）农村金融服务领域。与传统银行服务相比，手机银行可以帮助银行解决建立网点的成本和处理小额交易的成本两大问题。手机银行可以在零售层面实现从集中向分散转移，将分销网点遍布尽可能多的地区，降低低收入人群和居住在偏远地区的人们获取金融服务的成本，并保证获得提供金融服务的可持续性，特别适合偏远山区和成本偏高的地区。

目前，手机银行功能的核心主要还是围绕银行柜面业务，无法满足用户即时场景支付的需求。场景支付的主力并非银行，而是被支付宝、财付通等移动支付巨头所占据。然而，伴随着互联网的快速发展，用户对于无卡支付的需求越来越高，尤其是基于手机终端的线下即时场景支付，因此推广手机银行支付功能将成为满足用户日常需求的重要发展方向。未来，手机银行三大模块中的生活服务模块和支付功能模块将呈现日益融合的趋势。目前，在购物、打车、旅游等场景中，手机银行的使用率仍不及第三方支付工具。中国报告大厅产业研究中心发布的《2015—2020年中国移动支付行业市场发展现状及投资前景预测报告》数据显示，支付宝以74.31%的市场份额继续占据移动支付市场首位。今年2季度，我国第三方移动支付市场交易规模达3.47万亿元，环比增长率为22.81%。分析人士认为，第三方支付在移动支付、生活服务方面形成的市场优势，是手机银行面临的巨大挑战。

3. 独立平台运营商为运营主体

第三方服务商独立于银行和移动运营商，利用移动通信网络资源和金融机构的各种支付卡，实现支付的身份认证和支付确认。通过第三方交易平台，用户可以实现跨银行移动支付服务。该业务模式下移动运营商、银行和第三方之间权责明确，提高了商务运作效率，用户选择增多。平台运营商简化了其他环节之间的关系，但无形中为自己增加了处理各种关系的负担；在市场推广能力、技术研发能力、资金运作能力等方面，都要求平台运营商具有很高的行业号召力。自2004年支付宝成为国内第一家第三方支付公司以来，第三方支付行业快速增长，企业数量超过300家。2011年，中国人民银行分三批共颁发了101张非金融支付许可牌照，这也标志着第三方支付行业开始迈入标准化和规范化的进程。

1) 国内市场第三方远程支付现状

远程支付和近场支付虽然都是借助手机/手表/手环介质完成支付交易，且出现了相互融合的态势，但由于两者在技术实现方式、业务规则及参与方等方面存在较大的差异，其商业模式也呈现出各自不同的特点，具有相对的独立性。

第三方支付机构主导的模式是一些具有实力的第三方经济体通过与不同的银行进行签约的方式提供交易平台，而整个交易也在第三方支付平台的介入下责任明晰，分工明确。银行作为资金的供给方，保障资金的按时给付；运营商作为信息的传输渠道，向第三方机构以及银行发出指令；第三方平台则充当中介保障交易的顺利完成。主要的盈利方式是服务收益（接入费、服务费、交易佣金），还有就是沉淀资金的利息，另外就是留下了用户个人信息及交易记录，渗透到精准营销和征信领域。

中国国内的第三方支付产品主要有支付宝、财付通（微信＋手Q）、百度钱包、拉卡拉、易宝支付、中汇宝、快钱、国付宝、物流宝、网易宝、网银在线等。2015年中国第三方移动支付市场交易总规模9.31万亿元，同比增长57.3%。从2015年中国第三方移动支付金融场景交易份额来看，支付宝占据了移动支付的大半壁江山66%，财付通以18%的占有率排名第二，后面依次是拉卡拉、易宝支付等品牌，如图5.12所示。

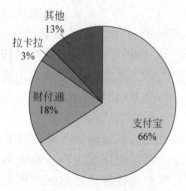

图 5.12　2015年中国第三方移动支付金融场景交易份额

2）第三方支付的特点

（1）第三方支付平台提供一系列的应用接口程序,将多种银行卡支付方式整合到一个界面上,负责交易结算中与银行的对接,使网上购物更加快捷、便利。消费者和商家不需要在不同的银行开设不同的账户,可以帮助消费者降低网上购物的成本,帮助商家降低运营成本;同时,还可以帮助银行节省网关开发费用,并为银行带来一定的潜在利润。

（2）较之 SSL、SET 等支付协议,利用第三方支付平台进行支付操作更加简单而易于接受。SSL 是现在应用比较广泛的安全协议,在 SSL 中只需要验证商家的身份。SET 协议是目前发展的基于信用卡支付系统的比较成熟的技术。但在 SET 中,各方的身份都需要通过 CA 进行认证,程序复杂、手续繁多,速度慢且实现成本高。有了第三方支付平台,商家和客户之间的交涉由第三方来完成,使网上交易变得更加简单。

（3）第三方支付平台本身依附于大型的门户网站,且以与其合作的银行的信用作为信用依托,因此第三方支付平台能够较好地解决网上交易中的信用问题,有利于推动电子商务的快速发展。

在表现形式上,第三方支付的主要特征如表 5.1 所示。

表 5.1 第三方移动支付主要特征

形	式	含 义
多元化	多账户	实现第三方账户、银行账户、移动支付专用账户于一体
	多载体	智能手机/手环/手表等多载体的情况下实现支付
	多货币	积分、信用分等多种虚拟货币方式支付
	多场景	公共事业缴费、打车/吃饭/购票/购物等 O2O,基金/P2P 等金融
社交化	口令/群红包	更多的存在于 C2C 的红包支付,增进人们之间的交流
营销化	摇一摇/刷一刷	更多的存在于 B2C 的红包支付,企业赞助进行传播
	理财	在金融商品与支付手段之间进行转换,通过转换来实现价值
	担保支付	负责资金的划拨,同时还要为不信任的买卖双方提供信用担保

5.2.2 第三方移动支付介绍

1. 支付宝

1）支付宝发展历程

2003 年,成立支付宝,基于淘宝业务承接担保交易的角色,服务于交易。

2004—2008 年,推出全额赔付制度,和多家银行以及线上的 B2C 网站战略合作,扩展线上业务,建立支付平台,促成交易。

2008 年,进入公共事业性缴费市场,推出了手机支付业务,进入无线互联网市场并发布移动电子商务战略。

2012 年,完成移动支付与快捷支付体系的打通,建立起基于移动端的快捷支付业务体系,推出条码支付和声波支付,提升用户体验。

2013 年,实行支付宝钱包品牌独立运作,推出余额宝服务。

2014 年,支付宝钱包宣布正式推出开放平台,商家和开发者可通过平台 API 接口,共享支付宝钱包的技术、数据和用户资源,从而为用户创造更加丰富的移动应用场景。首批开放的 API 接口包括服务窗、二维码、WiFi、卡券、账户体系、支付、JASPI 七大类共 60 多个，提供支付、数据分析、会员管理、营销四大能力。实施基于 O2O 发展战略的支付宝钱包开放平台战略，基于母公司小微金融服务集团而展开的金融开放平台战略。

2015 年，打通包括消费、城市生活、金融理财和沟通交流等多个领域的真实生活场景，成为以每个人为中心的一站式场景平台。不断渗透到线下支付场景，开始尝试通过"支付＋社交＋O2O＋金融"来建设未来的用户应用场景生态，如图 5.13 所示为支付宝移动端页面。

2) 支付宝运营数据及策略

2015 年"双十一"期间，支付宝共完成 7.1 亿笔支付，蚂蚁花呗全天交易笔数达到 6048 万笔，支付成功率达 99.99%，平均每笔支付用时仅 0.035 秒。退货运费险单日保单量达到 3.08 亿单，同比增长 65%。2015 年"双十二"共在 13 个国家和地区被使用，使用的地区覆盖了全国 200 多个城市。总参与人数达到 2800 万人，海外参与用户为 9 万人。消费人群年龄为 4~92 岁，其中 92.4 万人为老年人群。如图 5.14 所示为 2015 年"双十二"支付宝口碑成交数据。

同时，从线上拓展到线下。"1212 支付宝口碑全球狂欢节"跟以电商为主的"双十一狂欢节"

图 5.13　支付宝移动端页面

形成了差异化消费方式，主打线下促销，覆盖餐饮、超市、便利店、外卖、商圈、机场、美容美发、电影院八大线下支付场景。

图 5.14　2015 年双十二支付宝口碑成交数据

线下场景资源先后接入家乐福、沃尔玛、华润万家、大润发四大超市、物美、世纪联华、喜士多、7-11等商超便利店也成为合作对象，还接入肯德基、全聚德、外婆家等各地标杆性餐饮企业甚至大型农贸市场。此外，支付宝还与首都机场、丽江、中国台湾等达成合作协议，不断延展场景版图，目前已覆盖超市、便利店、医院、餐饮、打车、菜场等。截至2015年底，全国已有19个省份、124个城市入驻支付宝城市服务平台。包括车主服务、政务办事、医疗、交通出行、充值缴费等在内的9大类服务，涉及40个不同类别，共计4000多项业务，为超过1亿的用户提供简单便捷的服务体验，如图5.15所示为超市支付宝钱包专用通道。

图5.15 支付宝钱包专用通道

2015年"双十二"当天，上午7点活动还未开始，上海、北京、杭州等地的超市、蛋糕店、快餐店门口就排起了队。截至上午10：00，全国市民通过支付宝总共买走了近86万份牛奶、61万份面包；截至下午14：30，全国总共有40万份炸鸡、25万个汉堡通过支付宝和口碑被买走。支付宝口碑公布的数据显示，"双十二"一天共有2800万人出门参与狂欢。其中"80后"、"90后"仍旧是主力，占比超79%。据了解，2015年是支付宝和口碑第二次举办"1212支付宝口碑全球狂欢节"。据悉，2015年国内国外总共有30多万家线下商户参与活动，覆盖餐饮、超市、便利店、外卖、商圈、机场、美容美发、电影院八大线下场景，遍及全国200多个城市和澳洲、亚洲及港澳台等12个国家与地区。用户只要在活动商家处使用支付宝付款，就可以享受"双十二"优惠。

3）支付宝核心优势

品牌优势：支付宝一直承担着大多数网络购物的服务，用户已形成习惯，其易用、便捷和安全的品牌形象深入人心。因为其购物人群和实名认证产生的信任度，保证了大额支付习惯。在第三方支付企业中具有重要的品牌影响力。

平台优势：支付宝拥有自身电商平台——淘宝商城和天猫品牌，通过其电商平台的移动布局，保障了移动端支付的市场份额；同时其口碑平台的重新出发，扩充了其线下O2O市场，但目前相对占比不高；另外，支付宝依托其蚂蚁金服的金融业务，开展了招财宝、存金宝、基金、保险、证券、信贷等理财，实现了多场景的一体化。

金融专业性：2013年推出了创新型的余额宝理财产品，之后更是组成了招财宝、蚂蚁微贷、蚂蚁达客、网商银行、蚂蚁花呗、芝麻信用等业务的蚂蚁金服集团，实现了金融领域一站式服务。

4）支付宝扫码支付使用示例

自从扫描二维码支付功能开通后，人们的生活变得更加便利。大街小巷随处可见水果、早点等摊位打印出来的二维码以供消费者扫码支付。如图 5.16 所示，高校门口卖粥的摊位，在醒目的位置挂着支付宝二维码。具体转账流程如下。

图 5.16　早点摊位支持扫码支付

（1）在买完商品后，打开手机支付宝，单击图 5.17 中的"扫一扫"，则出现扫描二维码的界面，对准商家二维码扫描。

（2）扫描完成后出现图 5.18 中的商家支付宝账户信息，单击"转账"。

图 5.17　扫一扫支付

图 5.18　转账

(3) 跳转到转账页面,如图 5.19 所示,输入商品金额,还可以添加备注信息,输密码后单击"确定"按钮。

(4) 转账完成后,出现如图 5.20 所示的页面,对方已收到转账。全程方便快捷,省去了现金交易的找零等麻烦,提高了效率,在人流高峰期更是体现出其快捷性和方便性。

图 5.19　输入转账金额

图 5.20　转账成功

2. 财付通

1) 财付通发展历程

2005 年,财付通成立,致力于为互联网用户和企业提供安全、便捷、专业的在线支付服务。

2009 年,推出手机支付,布局通信产业链,发布"会支付会生活"品牌新主张。

2010 年,推出开放平台战略,与物流行业龙头企业德邦物流合作,大力拓展物流行业。

2011 年,联合 QQ 彩贝创新推出混合支付,并与玫琳凯合作,开启直销行业深度合作。

2013 年,联合微信,发布微信支付,强势布局移动端支付。

2014 年,"微信智慧生活"全行业解决方案在餐饮、酒店、剧院、出行、物流各方面落地。

2015 年,从发红包到打车,从生活节到"双十二"抢占超市,变成社交平台和各个行业结合,作为服务的后端,连接人与人、人与商品、人与服务。

2) 财付通运营数据及策略

(1) 春节红包

2015 春节期间微信和 QQ 红包除夕至初五(共 6 日),微信红包收发总量为 32.7 亿次,除夕当日收发总数为 10.1 亿次。

(2) 跨年红包

2015 年跨年夜微信红包收发总量达到 23.1 亿次,峰值时一分钟发出 240 万个红包、

620 万个红包被拆开；QQ 钱包"刷一刷"抢红包用户达 1.72 亿人次,人均刷 424 次,共刷出 5.62 亿红包。

(3) 线下商家合作情况

2015 年 6 月,腾讯与中石油签署协议,在移动支付、互联网金融和 O2O 等业务方面展开合作；2015 年 7 月,财付通宣布滴滴打车正式接入 QQ 钱包；2015 年 8 月,微信支付与便利店展开"无现金日"活动；2015 年 9 月,微信支付与华润万家联手推出智慧超市,此前其已与家乐福、大润发、永辉等超市巨头展开合作。至此,商超、便利店、餐饮、酒店、停车、打车等场景均出现微信支付的身影。

3) 财付通核心优势

用户黏性：手机 QQ 的月活跃用户达 6.39 亿,微信月活跃用户达 6.5 亿。庞大的用户规模为其在移动支付业务的布局提供了重要的用户支撑,由于其社交属性强,使其用户黏性相对更高。

社交场景：微信以红包场景为切入点,后续和滴滴打车、大众点评、京东合作,添加了出行、饮食、购物场景；同时不断地拓展了商超、便利店、酒店、停车等线下支付场景,二维码支付提供了线下支付的便利性,使其支付场景相对丰富。另外线上的小额转账、AA 制等社交支付功能相对更加方便,高黏性和便利性使其微信支付在社交场景中占优。

开放程度：财付通定位于连接器,从流量来切入整个支付流程,不留恋存量资金,支付可以回到最简状态,即直接用银行卡付款,使得支付流程更简便,用户体验更好。其主旨是为商家提供支付工具或渠道,自由度相对高；而支付宝运用用户在交易、理财等行为中沉淀在账户上的存量资金,是居中的资金管理者,拥有存量负担。

4) 微信支付示例

(1) 公众号支付。在微信内的商家页面上完成支付。首先在公众号内推送的商品中选择心仪的商品,下单,选择微信支付,最后输入密码,支付完成,如图 5.21、图 5.22 所示。

图 5.21　选择公众号推送的商品

图 5.22 微信支付

(2) App 支付。在 App 中,选择微信支付,如图 5.23 所示。

图 5.23 App 内微信支付

(3) 扫码支付。使用微信扫描二维码,完成支付,如图 5.24 所示。

图 5.24 扫码支付

（4）刷卡支付。用户展示条码，商户扫描后，完成支付，如图5.25所示。

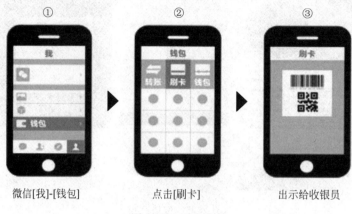

图 5.25 刷卡支付

5.3 本章小结

本章讲述了移动支付的概念、发展历程、支付流程等基本知识。同时讲述了目前我国移动支付的三种运营模式，最后讲述了以支付宝和财富通为代表的第三方移动支付。通过本章的学习，读者可以对移动支付的概念、运营模式、支付特点等有全面深入的了解。

习题

请分析总结支付宝与财富通的区别和各自的优缺点。

第 6 章 移动电子商务物流

本章学习目标
- 了解移动电子商务物流的特点；
- 了解供应链管理的内容；
- 了解移动电子商务物流配送模式；
- 学习第三方物流的特点和运作模式；
- 了解电子商务物流相关技术。

6.1 电子商务物流概述

电子商务物流又称网上物流，就是基于互联网技术，旨在创造性地推动物流行业发展的新商业模式。通过互联网，物流公司能够被更大范围内的货主客户主动找到，能够在全国乃至世界范围内拓展业务；贸易公司和工厂能够更加快捷地找到性价比最适合的物流公司；网上物流致力把世界范围内最大数量的有物流需求的货主企业和提供物流服务的物流公司都吸引到一起，提供中立、诚信、自由的网上物流交易市场，帮助物流供需双方高效达成交易。网上物流提供的最大价值，就是更多的机会。电子商务时代，随着企业销售范围的扩大，企业和商业销售方式及最终消费者购买方式的转变，送货上门等业务成为一项极重要的服务业务，并促使了物流行业的兴起与成熟。

电子商务时代的来临，给全球物流带来了新的发展机会，使物流具备了一系列新特点。

1. 信息化

电子商务时代，物流信息化是电子商务的必然要求。物流信息化表现为物流信息的商品化、物流信息收集的数据库化和代码化、物流信息处理的电子化和计算机化、物流信息传递的标准化和实时化、物流信息存储的数字化等。因此，条码技术(Bar Code)、数据库技术(Database)、电子定货系统(Electronic Ordering System, EOS)、电子数据交换(Electronic DataInter change, EDI)、快速反应(QuickResponse, QR)及有效的客户反映(Effective Customer Response, ECR)、企业资源计划(Enterprise Resource Planning, ERP)等技术与观念在我国的物流中得到普遍的应用。信息化是一切的基础，没有物流的信息化，任何先进的技术设备都不可能应用于物流领域，信息技术及计算机技术在物流中的应用将会彻底改变世界物流的面貌。

2. 自动化

自动化的基础是信息化,自动化的核心是机电一体化,自动化的外在表现是无人化,自动化的效果是省力化,另外还可以扩大物流作业能力、提高劳动生产率、减少物流作业的差错等。物流自动化的设施非常多,如条码/语音/射频自动识别系统、自动分拣系统、自动存取系统、自动导向车、货物自动跟踪系统等。

3. 网络化

物流领域网络化的基础也是信息化,这里指的网络化有两层含义:一是物流配送系统的计算机通信网络,包括物流配送中心与供应商或制造商的联系要通过计算机网络,另外与下游顾客之间的联系也要通过计算机网络通信;二是组织的网络化,即所谓的企业内部网(Intranet)。物流的网络化是物流信息化的必然,是电子商务下物流活动的主要特征之一。当今世界 Internet 等全球网络资源的可用性及网络技术的普及为物流的网络化提供了良好的外部环境,物流网络化不可阻挡。

4. 智能化

这是物流自动化、信息化的一种高层次应用,物流作业过程大量的运筹和决策,如库存水平的确定、运输(搬运)路径的选择、自动导向车的运行轨迹和作业控制、自动分拣机的运行、物流配送中心经营管理的决策支持等问题,都需要借助于大量的知识才能解决。在物流自动化的进程中,物流智能化是不可回避的技术难题。好在专家系统、机器人等相关技术已经有比较成熟的研究成果。

5. 柔性化

柔性化本来是为实现"以顾客为中心"理念而在生产领域提出的,但要真正做到柔性化,即真正地能根据消费者需求的变化来灵活调节生产工艺,没有配套的柔性化的物流系统是不可能达到目的的。20 世纪 90 年代,国际生产领域纷纷推出弹性制造系统(Flexible Manufacturing System,FMS)、计算机集成制造系统(Computer Integrated Manufacturing System,CIMS)、制造资源系统(Manufacturing Requirement Planning,MRP)、企业资源计划(ERP)以及供应链管理的概念和技术,这些概念和技术的实质是要将生产、流通进行集成,根据需求端的需求组织生产,安排物流活动。因此,柔性化的物流正是适应生产、流通与消费的需求而发展起来的一种新型物流模式。这就要求物流配送中心要根据消费需求"多品种、小批量、多批次、短周期"的特色,灵活组织和实施物流作业。

另外,物流设施、商品包装的标准化,物流的社会化、共同化也都是电子商务下物流模式的新特点。

6.2 移动电子商务物流供应链管理

6.2.1 供应链与供应链管理

1. 供应链的概念

供应链是围绕核心企业,通过对信息流、物流、资金流的控制,从采购原材料开始,制成中间产品以及最终产品,最后由销售网络把产品送到消费者手中的将供应商、制造商、分销商、零售商直到最终用户连成一个整体的功能网链结构模式,如图 6.1 所示。供应链由所有加盟的节点企业组成,其中一般有一个核心企业,节点企业在需求信息的驱动下,通过供应链的职能分工与合作(生产、分销、零售等),以资金流、物流、信息流等为媒介实现整个供应链的不断增值。

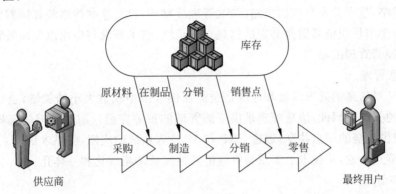

图 6.1　供应链结构

2. 供应链管理的含义

供应链管理(Supply Chain Management,SCM)是以提高企业个体和供应链整体的长期绩效为目标,对传统的商务活动进行总体的战略协调,对特定公司内部跨职能部门边界的运作和在供应链成员中跨公司边界的运作进行战术控制的过程。供应链管理就是要整合供应商、制造部门、库存部门和配送商等供应链上的诸多环节,降低供应链的成本,促进物流和信息流的交换,以求在正确的时间和地点,生产和配送适当数量的正确产品,提高企业的总体效益。供应链管理通过多级环节提高整体效益。每个环节都不是孤立存在的,这些环节之间存在着错综复杂的关系,形成网络系统。同时这个系统也不是静止不变的,不但网络间传输的数据不断变化,而且网络的构成模式也在实时进行调整。

3. 供应链管理的特征

供应链管理的特征如下:
(1) 以顾客满意为最高目标,以市场需求的拉动为原动力;
(2) 企业之间关系更为紧密,共担风险,共享利益;
(3) 把供应链中所有节点企业作为一个整体进行管理;
(4) 对工作流程、实物流程和资金流程进行设计、执行、修正和不断改进;
(5) 利用信息系统优化供应链的运作;
(6) 缩短产品完成时间,使生产尽量贴近实时需求;
(7) 减少采购、库存、运输等环节的成本。以上特征中,(1)、(2)、(3)是供应链管理的实质,(4)、(5)是实施供应链管理的两种主要方法,而(6)、(7)则是实施供应链管理的主要目标,即从时间和成本两个方面为产品增值,从而增强企业的竞争力。

4. 供应链管理的内容

（1）供应链战略管理

供应链管理本身属于企业战略层面的问题，因此，在选择和参与供应链时，必须从企业发展战略的高度考虑问题。它涉及企业经营思想和在企业经营思想指导下的企业文化发展战略、组织战略、技术开发与应用战略、绩效管理战略等，以及这些战略的具体实施。供应链运作方式、为参与供应链联盟而必需的信息支持系统、技术开发与应用以及绩效管理等都必须符合企业经营管理战略。

（2）信息管理

信息以及对信息的处理质量和速度是企业在供应链中获益大小的关键，也是实现供应链整体效益的关键。因此，信息管理是供应链管理的重要方面。信息管理的基础是构建信息平台，实现供应链的信息共享，通过ERP和VMI等系统的应用，将供求信息及时、准确地传递到相关节点企业，从技术上实现与供应链其他成员的集成化和一体化。

（3）客户管理

客户管理是供应链的起点。供应链源于客户需求，同时也终于客户需求，因此供应链管理是以满足客户需求为核心来运作的。通过客户管理，详细地掌握客户信息，从而预先控制，在最大限度地节约资源的同时，为客户提供优质的服务。

（4）库存管理

供应链管理就是利用先进的信息技术，收集供应链各方以及市场需求方面的信息，降低需求预测的误差，用实时、准确的信息控制物流，减少甚至取消库存（实现库存的"虚拟化"），从而降低库存的持有风险。

（5）关系管理

通过协调供应链各节点企业，改变传统的企业间进行交易时的"单向有利"意识，使节点企业在协调合作关系的基础上进行交易，从而有效地降低供应链整体的交易成本，实现供应链的全局最优化，使供应链上的节点企业增加收益，进而达到双赢的效果。

（6）风险管理

信息不对称、信息扭曲、市场不确定性以及其他政治、经济、法律等因素，导致供应链上的节点企业运作风险，必须采取一定的措施尽可能地规避这些风险。例如，通过提高信息透明度和共享性、优化合同模式、建立监督控制机制，在供应链节点企业间合作的各个方面、各个阶段建立有效的激励机制，促使节点企业间诚意合作。从供应链管理的具体运作看，供应链管理主要涉及以下四个领域：供应管理、生产计划、物流管理、需求管理。具体而言，包含以下内容：①物料在供应链上的实体流动管理；②战略性供应商和客户合作伙伴关系管理；③供应链产品需求预测和计划；④供应链的设计（全球网络的节点规划与选址）；⑤企业内部与企业之间物料供应与需求管理；⑥基于供应链管理的产品设计与制造管理、生产集成化计划、跟踪和设计；⑦基于供应链的客户服务和物流（运输、库存、包装等）管理；⑧企业间的资金流管理（汇率、成本等问题）；⑨基于Internet/Intranet的供应链交互信息管理。

5. 供应链管理的基本原则

（1）以消费者为中心的原则。将消费者按照履约要求进行分类并努力调整业务运营以满足消费者的要求。

（2）贸易伙伴之间密切合作、共享利益和共担风险的原则。供应链企业之间的关系是合作伙伴之间的关系，如果没有这种战略伙伴关系，供应链的一体化就难以实现。贸易伙伴之间应密切合作、共享利益和共担风险。

（3）促进信息充分流动的原则。整合销售与运营计划，确保企业内部销售部门和运营部门之间、供应链合作伙伴之间对于客户需求信息的实时沟通。

（4）制定客户驱动的绩效指标。引导供应链上所有企业的行为并对每个企业的表现进行评价和跟踪。

6. 供应链管理的程序

1）分析市场竞争环境，识别市场机会

分析市场竞争环境就是识别企业所面对的市场特征，寻找市场机会。企业可以根据波特模型提供的原理和方法，通过市场调研等手段，对供应商、用户、竞争者进行深入研究；企业也可以建立市场信息采集监控系统，并开发对复杂信息的分析和决策技术。

2）分析顾客价值

所谓顾客价值是指顾客从给定产品或服务中所期望得到的所有利益，包括产品价值、服务价值、人员价值和形象价值等。供应链管理的目标在于不断提高顾客价值，因此，营销人员必须从顾客价值的角度来定义产品或服务的具体特征，而顾客的需求是驱动整个供应链运作的源头。

3）确定竞争战略

从顾客价值出发找到企业产品或服务定位之后，企业管理人员要确定相应的竞争战略。根据波特的竞争理论，企业获得竞争优势有三种基本战略形式：成本领先战略、差别化战略以及目标市场集中战略。

4）分析本企业的核心竞争力

供应链管理注重的是企业核心竞争力，强调企业应专注于核心业务，建立核心竞争力，在供应链上明确定位，将非核心业务外包，从而使整个供应链具有竞争优势。

5）评估、选择合作伙伴

供应链的建立过程实际上是对一个合作伙伴评估、筛选和甄别的过程。选择合适的对象（企业）作为供应链中的合作伙伴，是加强供应链管理的重要基础，如果企业选择合作伙伴不当，不仅会减少企业的利润，而且会使企业失去与其他企业合作的机会，抑制了企业竞争力的提高。评估、选择合作伙伴的方法很多，企业在实际具体运作过程中，可以灵活地选择一种或多种方法相结合。

6）供应链企业运作

供应链企业运作的实质是以物流、服务流、信息流、资金流为媒介，实现供应链的不断增值。具体而言，就是要注重生产计划与控制、库存管理、物流管理与采购、信息技术支撑体系这四个方面的优化与建设。

7) 绩效评估

供应链节点企业必须建立一系列评估指标体系和度量方法,反映整个供应链运营绩效的评估指标主要有产销率指标、平均产销绝对偏差指标、产需率指标、供应链总运营成本指标、产品质量指标等。

8) 反馈和学习

信息反馈和学习对供应链节点企业非常重要。相互信任和学习,从失败中汲取经验教训,通过反馈的信息修正供应链并寻找新的市场机会成为每个节点企业的职责。因此,企业必须建立一定的信息反馈渠道,从根本上演变为自觉的学习型组织。

7. 实施供应链管理的意义

供应链管理模式是顺应市场形势的必然结果,供应链管理能充分利用企业外部资源快速响应市场需求,同时又能避免自己投资带来的建设周期长、风险高等问题,赢得产品在成本、质量、市场响应、经营效率等各方面的优势,可以增强企业的竞争力。

1) 供应链管理能提高企业间的合作效率

现代社会,大部分产品需要各种企业的分工协作才能完成。譬如,波音747飞机的制造需要400余万个零部件,可这些零部件的绝大部分并不是由波音公司内部生产的,而是由65个国家的1500个大企业和15 000个中小企业提供的。在这些合作生产的过程中,众多的供应商、生产商、分销商、零售商构成了供应链的冗长、复杂的流通渠道,企业之间的合作效率极低。供应链管理的实质是跨越分隔顾客、厂家、供应商的有形或无形的屏障,把他们整合为一个紧密的整体,并对合作伙伴进行协调、优化管理,使企业之间形成良好的合作关系。

2) 供应链管理可提高客户满意度

供应链从客户开始,到客户结束。供应链是真正面向客户的管理。从前的生产是大批量生产,但随着客户越来越多个性化需求的出现,现在的生产要求满足客户的不同需求。供应链管理把客户作为个体来进行管理,并及时把客户的需求反映到生产上,能够做到对客户需求的快速响应。因而不仅满足了客户的需求,还挖掘客户潜在的需求。例如,供应链管理中的客户关系管理(Customer Relationship Management,CRM),就可以根据客户的历史记录,分析客户的潜在需求,在客户想到之前把客户需求的产品生产出来。

3) 供应链管理是企业新的利润源泉

供应链管理思想与方法目前已在许多企业中得到了应用,并且取得了很大的成就。调查表明,通过实施供应链管理,企业可以降低供应链管理的总成本,提高准时交货率,缩短订单满足提前期,提高生产率,提高绩优企业资产运营业绩,降低库存,提高企业经济效益。

6.2.2 物流管理及物流系统

物流是指为了满足客户的需要,以最低的本钱,通过运输、保管、配送等方式,实现原材料、半成品、废品及相关信息由商品的产地到商品的消费地所进行的计划、实施和管理的全过程。物流构成包括商品的运输、配送、仓储、包装、搬运装卸、流通加工,以及相关的物流信息等环节。物流活动的具体内容包括以下几个方面:用户服务、需求预测、定单处置、配送、存货控制、运输、仓库管理、工厂和仓库的布局与选址、搬运装卸、推销、包装、情报信息。

1. 物流管理

物流管理科学是近一二十年以来在国外兴起的一门新学科,它是管理科学的新的重要分支。随着生产技术和管理技术的提高,企业之间的竞争日趋激烈,人们逐渐发现,企业在降低生产成本方面的竞争似乎已经走到了尽头,产品质量的好坏也仅仅是一个企业能否进入市场参加竞争的敲门砖。这时,竞争的焦点开始从生产领域转向非生产领域,转向过去那些分散、孤立的被视为辅助环节而不被重视的(诸如运输、存储、包装、装卸、流通加工等)物流活动领域,如图 6.2 所示为物流管理的主要内容。人们开始研究如何在这些领域里降低物流成本,提高服务质量,创造"第三个利润源泉"。物流管理从此从企业传统的生产和销售活动中分离出来,成为独立的研究领域和学科范围。物流管理科学的诞生使得原来在经济活动中处于潜隐状态的物流系统显现出来,它揭示了物流活动各个环节的内在联系,它的发展和日臻完善,是现代企业在市场竞争中制胜的法宝。

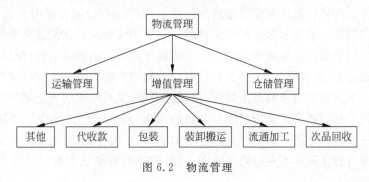

图 6.2 物流管理

2. 物流系统

1) 物流系统的含义

物流是在一定的环境下,由相互作用和相互依赖的若干组成部分结合而成的具有特定功能的物流系统,是由诸多物流要素、不同物流环节构成的。因此,运用系统学原理对物流系统进行规划、设计、组织实施,就能以最佳的结构、最好的配合充分发挥系统功效,逐步实现物流过程的合理化。运输、储存保管、包装、装卸搬运、流通加工、配送和物流信息等物流基本功能要素有机地组合、联结在一起,便构成了物流系统的总功能。物流系统的基础要素主要有物流设施、物流装备、物流工具、信息技术及网络、组织及管理等。人是物流系统中能动的主体,决定着物流系统或子系统的形成、运行、控制与发展,使物流系统成为由物流固定设施、移动设施、通信方式、组织结构及运行机制等要素构成、实现既定的物流系统目标的多层次人工经济系统。物流系统具有一般人工系统的基本特征,如整体性、集合性、目标性、相关性、界限性和环境适应性等。

2) 物流系统的分类

(1) 物流发生的位置

按物流发生的位置,物流系统可划分为企业内部物流系统和企业外部物流系统。①企业内部物流系统。例如,制造企业所需原材料、能源、配套协作件的购进、储存、加工直至形成半成品、成品最终进入成品库的物料、产品流动的全过程。②企业外部物流系统。例如,对于制造企业,物料、协作件从供应商所在地到本制造企业仓库为止的物流过程,从成品库到各级经销商,最后送达最终用户的物流过程,都属于企业的外部物流系统。

(2) 物流运行的性质

根据物流运行的性质,物流系统可以划分为供应物流系统、生产物流系统、销售物流系统、回收物流系统和废弃物流系统。①供应物流系统。指从原材料、燃料、辅助材料、机械设备、外协件、工具等从供应商处的订货、购买开始,通过运输等中间环节,直到收货人收货入库为止的物流过程。供应物流系统通过采购行为使物资从供货单位转移到用户单位,一般是生产企业进行生产所需要的物资供应活动。②生产物流系统。指从原材料投入生产起,经过下料、加工、装配、检验、包装等作业直至成品入库为止的物流过程。生产物流的运作过程基本上是在企业(工厂)内部完成。流动的物品主要包括原材料、在制品、半成品、产成品等,物品在企业(工厂)范围内的仓库、车间、车间内各工序之间流动,贯穿于企业的基本生产、辅助生产、附属生产等生产工艺流程的全过程,是保证生产正常进行的必要条件。生产物流的运作主体是生产经营者,部分生产物流业务可以延伸到流通领域,例如第三方物流所提供的流通加工。③销售物流系统。指成品由成品库(或企业)向外部用户直接出售,或经过各级经销商直到最终消费者为止的物流过程。从事销售物流运作的经营主体可以是销售者、生产者,也可以是第三方物流经营者。④回收物流系统。指物品运输、配送、安装等过程中所使用的包装容器、装载器具、工具及其他可以再利用的废旧物资的回收过程中发生的物流。回收物流主要包括边角余料及金属屑,报废的设备、工具形成的废金属和失去价值的辅助材料等。⑤废弃物流系统。是指对废弃杂物的收集、运输、分类、处理等过程中产生的物流。废弃杂物一般包括伴随产品生产过程产生的副产品、废弃物,以及生活消费过程中产生的废弃物等。废弃物流通常由专门的经营者经营,国外亦有第三方物流经营者参与废弃物流作业过程的实例。

(3) 物流活动的范围

以物流活动的范围进行分类,物流系统可以划分为企业物流系统、区域物流系统和国际物流系统。①企业物流系统。指围绕某一企业或企业集团产生的物流活动。它包括企业或企业集团内部的物流活动,也涉及相关的外部物流活动,如原材料供应市场和产品销售市场。企业物流活动往往需要考虑供应物流、生产物流和销售物流之间的协调,及相应的一体化规划、运作和经营。②区域物流系统。指以某一经济区或特定地域为主要活动范围的社会物流活动。区域物流一般表现为通过一定地域范围内的多个企业间的合作、协作,共同组织大范围专项或综合物流活动的过程,以实现区域物流的合理化。区域物流通常需要地方政府的规划、协调、服务和监督,在促进物流基础设施的科学规划、合理布局与建设发展等方面给予支持。在规划某区域物流系统(例如省域、城市物流系统,公路运输站场规划与布局等)时,一般需要考虑区域物流设施与企业物流设施的兼容和运行方式。全国物流系统可以看作是扩大的区域物流系统。在全国范围内进行物流系统化运作时,需要考虑综合运输及运网体系、物流主干网、区域物流及运作等。③国际物流系统。指在国家(或地区)与国家(或地区)之间的国际贸易活动中发生的商品从一个国家或地区流转到另一国家或地区的物流活动。国际物流涉及国际贸易、多式联运和通关方式等多种问题。它需要国际间的合作、国内各方的重视和积极配合参与,一般比国内物流复杂得多。在拥有较大作用范围(诸如区域、全国、国际)的物流系统中,第三方物流经营者的功能及服务质量往往显得十分重要。

(4) 物流构成的内容

根据物流构成的内容，把物流系统划分为专项物流系统和综合物流系统。①专项物流系统。是以某产品或物料为核心内容的物流活动系统。常见的有粮食、煤炭、木材、水泥、石油和天然气等的物流过程。专项物流往往需要专用设施、专用设备与相应物流过程的配套运作才能完成。②综合物流系统。它是包括社会多方经营主体及多种类产品、物料构成的复合物流系统。

3. 电子商务物流系统

电子商务物流系统是指在实现电子商务特定过程的时间和空间范围内，由于所需的商品或物质、包装设备、装卸搬运机械、运输工具、仓储设备、人员和通信设备等若干相互制约的动态要素所构成的具有特定功能的有机整体，如图 6.3 所示。其目的是在保证商品满足供给需求的前提下，通过各种物流环节的合理衔接，以占用最少的资源，按时完成对商品的转移，并取得最佳的经济效益。电子商务下的物流系统是信息化、现代化、社会化和多层次的物流系统。针对电子商务企业的需要，采用网络化的计算机技术和现代化的硬件设备、软件系统及先进的管理手段，严格、守信地进行一系列分类、编配、整理、分工和配货等理货工作定时、定点、定量地交给没有范围限制的各类用户，满足其对商品的需求。电子商务物流系统与传统的物流系统相比并无本质的区别。不同之处在于电子商务物流系统突出强调一系列电子化、机械化、自动化工具的应用，以及准确、及时的物流信息对物流过程的监督，更强调物流的速度、物流系统信息的通畅和整个物流系统的合理化。

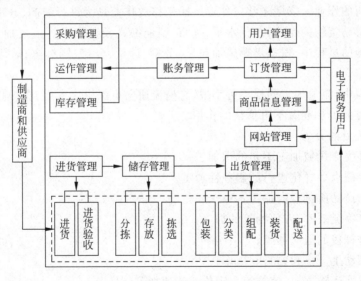

图 6.3　物流系统

电子商务物流系统包括运输、配送、储存、包装、装卸搬运、流通加工等环节，如图 6.3 所示。

运输是物流的核心业务之一，在物流活动中处于中心地位，也是物流系统的一个重要功能。它解决了物质实体从供应地点到需求地点之间的空间差异，创造了物品的空间效用，实现了物质资料的使用价值。

配送是在经济合理的区域范围内,根据用户的要求,对物品进行拣选、加工、包装、分割、组配等作业,并按时送达指定地点的物流活动。配送中心是指从事货物配备(集货、加工、分货、拣选、配货)并组织对用户的送货,以高水平实现销售和供应服务的现代物流据点。

储存是物流中又一极为重要的职能,与运输构成物流的两大支柱,同处于中心位置。储存不但缓解了物质实体在供求之间时间和空间上的矛盾,创造了商品的时间效用,同时也是保证社会生产连续不断运行的基本条件。在物流活动中许多重要的决策都与储存有关,如仓库数目、仓库选址、仓库大小、存货量等,物流决策者需要对存储和运输、存储规划中的优化配置等进行权衡,以期达到最佳效果。

包装是在物流过程中保护产品、方便储运、促进销售,按一定技术方法采用容器、材料及辅助物等将物品包封,并予以适当的装潢和标志的工作的总称。简而言之,包装是包装物及包装操作的总称。一般来讲,包装可分为工业包装(运输包装)和商业包装(零售包装)两种。

装卸搬运是在同一地域范围内进行的以改变物料的存放状态和空间位置为主要内容和目的的活动。其中,搬运是指在同一场所,对货物进行水平移动为主的物流作业;装卸是指货物在指定地点以人力或机械把货物装入或卸下运输设备。具体包括:①堆码拆取作业。堆码是将物品从预先放置的场所移送到运输工具或仓库等储存设施的指定场所,再按所规定的位置和形态码放的作业;拆取是与堆码逆向的作业。②分拣配货作业。分拣是在堆码作业前后或配送作业之前把货物按品种、出入先后、运送方向进行分类,将货物堆码到指定地点的作业。配货是将货物从所定的位置,按照货物种类、作业次序、发货对象等分类取货、堆码在规定场所的作业。③搬送移送作业。搬送移送作业是为进行装卸、分拣、配送等活动而进行的各种移动货物的作业,包括水平、垂直、斜向搬送及其组合。流通加工是物品在从生产地到使用地的过程中,根据需要施加包装、分割、计量、分拣、刷标志、贴标签、组装等简单作业的总称。

在物流过程中,流通加工同样不可小视,它使流通向更深层次发展,在提高运输效率、改进产品品质等方面也都起着不可低估的作用。

形式按加工目的分为:

(1) 为弥补生产领域加工不足的深加工;
(2) 为满足需求多样化进行的服务性加工;
(3) 为保护产品所进行的加工;
(4) 为提高物流效率,方便物流的加工;
(5) 为促进销售的流通加工;
(6) 提高劳动生产率和物料利用率;
(7) 衔接不同运输方式,使物流合理化的流通加工;
(8) 生产——流通一体化的流通加工。

6.3 电子商务物流配送

在电子商务环境下的物流配送管理将形成一条完整的供应/需求链,即从自然资源的开采起始,通过一系列增值的生产和输送过程,使产品最终到达消费者手中。这条供应链包括有形商品的移动和无形信息的传输。现代物流是流通现代化的产物,是经营的"第三利润源泉"。电子商务中的任何一笔交易都包含信息流、商流、资金流和物流。物流是电子商务的重要组成部分,同时是电子商务发挥优势的保证。电子商务物流是信息化、现代化、社会化物流,是在电子商务的条件下,依靠计算机技术、互联网技术、电子商务技术以及信息处理技术等所进行的物流配送活动。其目的是通过运用现代科学技术手段,在电子商务条件下实现物流配送的高效化和低成本,促进物流产业的升级及电子商务服务的完善和国民经济的发展。

6.3.1 电子商务物流配送

1. 电子商务物流配送的概念

物流配送,即从商品流通的经营方式来看的一种商品流通方式,是现代流通业的一种经营方式。物流是指物品从供应地向接收地实体流动的过程。在物的流动过程中,根据实际需要,包括运输、储存、装卸、包装、流通加工、配送、信息处理等基本功能活动。配送指在经济合理区域范围内,根据客户要求,对物品进行拣选、加工、包装、分割、组配等操作,并按时送达指定地点的物流活动。物流与配送关系紧密,在具体活动中往往交织在一起,为此人们通常把物流配送连在一起表述。

电子商务物流配送是指物流配送企业采用网络化的计算机技术和现代化的硬件设备、软件系统及先进的管理手段,针对客户的需求,根据用户的订货要求,进行一系列分类、编码、整理、配货等理货工作,按照约定的时间和地点将确定数量和规格要求的商品传递到用户的活动及过程,如图6.4所示为电子商务物流总体运营流程图。这种新型的物流配送模式带来了流通领域的巨大变革,越来越多的企业开始积极搭乘电子商务快车,采用电子商务物流配送模式。

2. 电子商务物流配送与传统商务物流配送的区别

1)仓库配置不同

传统物流配送企业需要配置大面积的仓库,而电子商务系统网络可以将散置在各地的分属不同所有者的仓库通过网络连接起来,使之成为"虚拟仓库"进行统一管理和调配。从而使服务半径和货物集散空间放大。这样,企业在组织资源的速度、规模、效率和资源的合理配置方面都是传统物流配送所不及的。

2)对货物的要求不同

在电子商务环境下,物流配送的目的地大多是非常分散的消费者,因而配送的货物具有小批量、多批次的特点;传统商务环境下,配送的目的地多是中间生产商或者零售商,物流配送的货物具有大批量、少批次的特点。

3)业务流程不同

一个先进系统的使用会给一个企业带来全新的管理方法。传统的物流配送过程由多个业务流程组成,受人为因素和时间的影响很大,而网络的应用可以实现整个过程的实时监控和实时决策。新型物流配送的业务流程都是由网络系统连接的。当系统任何一个神经末端收到一个需求信息的时候,该系统都可以在极端的时间内做出反应,并根据人们事先设计好

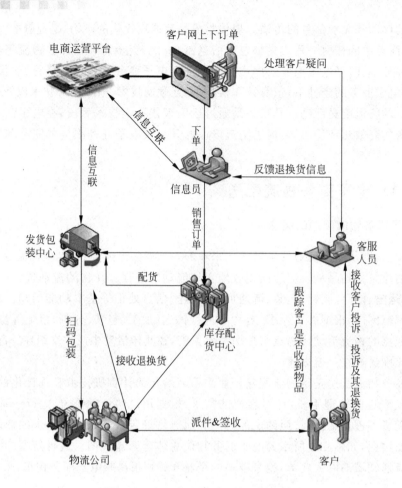

图 6.4 电子商务物流总体运营流程

的程序拟定详细的配送计划,通知各环节开始工作。

4) 时间配送不同

物流配送的持续时间在网络环境下会大大缩短,这对物流配送速度提出了更高的要求。在传统物流配送管理中,由于信息交流的限制,完成一个配送过程的时间比较长,但随着网络系统的介入,任何一个配送的信息和资源都会通过网络管理在几秒内传到相关环节,因而配送时间也就缩短了。电子商务环境下的物流配送对于送货的时间要求具有随机性,因为消费者在网上订购所要求的送货时间是随机的;而传统商务多是进行定期的货物配送。

5) 网络的介入简化了物流配送过程

在网络化的新型物流配送中心里缩短了物流配送存放、装卸、保管、分拣等过程。计算机系统管理使整个物流配送管理过程实现了自动化、机械化、信息化,从而提高了企业的竞争力。

6) 对于运输的要求不同

电子商务环境下的物流配送要求各种运输方式(空运、水运、铁运和卡车运输)灵活组合,而传统商务下的物流配送的运输方式相对固定。

3. 电子商务物流配送的优势

相对于传统的物流配送模式,电子商务物流配送模式具有以下优势。

1) 能够实现货物的高效配送

在传统的物流配送企业内,为了实现对众多客户大量资源的合理配送,需要大面积的仓库来用于存货,并且由于空间的限制,存货的数量和种类受到了很大的限制。而在电子商务系统中,配送体系的信息化集成可以使虚拟企业将散置在各地分属不同所有者的仓库通过网络系统连接起来,使之成为"集成仓库",在统一调配和协调管理之下,服务半径和货物集散空间都放大了。这种情况下,货物配置的速度、规模和效率都大大提高,使得货物的高效配送得以实现,如图 6.5 所示,电子商务交易和传统交易比起来,能减少交易次数和流通环节。

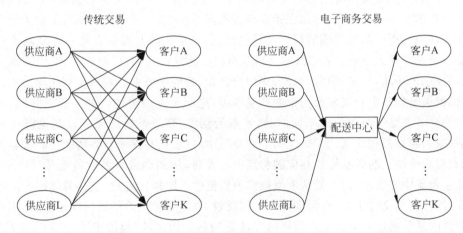

图 6.5 传统交易和电子商务交易

2) 能够实现配送的适时控制

传统的物流配送过程是由多个业务流程组成的,各个业务流程之间依靠人来衔接和协调,这就难免受到人为因素的影响,问题的发现和故障的处理都会存在时滞现象。而电子商务物流配送模式借助于网络系统可以实现配送过程的适时监控和适时决策,配送信息的处理、货物流转的状态、问题环节的查找、指令下达的速度等都是传统的物流配送无法比拟的,配送系统的自动化程序化处理、配送过程的动态化控制、指令的瞬间到达都使得配送的适时控制得以实现。

3) 物流配送过程得以简化

传统物流配送的整个环节由于涉及众多的主体及关系处理的人工化,所以极为烦琐。而在电子商务物流配送模式下,物流配送中心可以使这些过程借助网络实现简单化和智能化。例如,计算机系统管理可以使整个物流配送管理过程变得简单和易于操作;网络平台上的营业推广可以使用户购物和交易过程变得效率更高、费用更低;物流信息的易得性和有效传播使得用户查询和决策的速度加快、过程简化。很多过去需要较多人工处理、耗费较多时间的活动都因为网络系统的智能化而得以简化,这种简化使得物流配送工作的效率大大提高。

6.3.2 目前我国电子商务的物流配送模式

目前国内常见的几种配送模式主要有自营配送模式、第三方物流配送模式、物流一体化配送模式、共同配送模式。

1. 自营配送模式

自营配送是指企业物流配送的各个环节由企业本身筹建并组织管理,实现对企业内部和外部货物配送的模式。一般是大型生产制造实体企业依托电子商务信息技术构建的,旨在满足自身产品货物配送需求的物流服务体系,同时由于虚拟经济的兴起,也使得一部分虚拟企业介入企业自营物流服务体系之中,例如一些物流信息自动化解决方案提供商,这既可以发挥生产制造企业所拥有的相对完备的物流设备体系和物流渠道的优势,也可以弥补其电子商务技术和手段的不足,因此在企业自营物流系统中,一般是生产制造企业关注于实体物流配送网络和硬件基础设施的建设,而把物流信息系统的开发和企业资源规划统筹问题交给虚拟企业。代表企业:京东商城。京东商城总部设在北京,目前在北京、上海、广州、成都、武汉设立了华北、华东、华南、西南、华中分公司,各地物流中心均采用租用库房的方式建立,它的配送是以某个一线城市为中心和基本点,进而覆盖周边地区的方式展开的,这个与其他电商模式都是类似的。但不同的是,京东的制度、绩效及售后服务较其他模式更好一些,例如京东商城拥有北京、上海、广州三个物流中心(也就是库房),各物流中心覆盖不同的城市,消费者所购买的商品将从相应的物流中心发货,例如消费者的收货地址是山东,则货物从北京物流中心发出,而不能从上海或广州物流中心跨地区发货,这样就缩短了某区域内的配送时间,更加及时快捷,也保证了配送的质量,缩短了客户等待的时间,并能保证实行仓储和配送的最佳运送方案。京东商城的"211 限时达配送区域"共覆盖了全国 23 个城市(北京、上海、广州、成都、武汉、沈阳、苏州、南通、佛山等),即当天上午 11 点前提交的现货订单(以订单出库完成拣货时间点开始计算),当天送达,夜里 11 点前提交的现货订单(以订单出库后完成拣货时间点开始计算),第二天 15 点前送达。京东商城自建物流体系为京东带来了丰厚的利润和客户的信赖,当然也有很多不足的地方。它的特点:24 小时、IT 系统监控+标准化的流水作业+IT 系统报警+相关部门快速处理、信息系统与大型应用商对接+库存数据共享、现货产品+1 小时 34 分钟+在线查询订单确切处理状态及时间、7 日售后服务。这反映出京东商城自建物流的优势是增加了与客户直接沟通的机遇,为企业市场调研提供了方便,而货到付款刷卡业务也有效促进了电子商务物流金融服务的开展。但同时它也有劣势:使物流团队的专业性大打折扣,增加了货物的风险,物流服务水平不好。物流服务多为单向服务,大量耗费物流资源,效率低等。

2014 年 10 月 20 日,京东宣布其位于上海的首个"亚洲一号"现代化物流中心(一期)在"双十一"大促前夕正式投入使用,如图 6.6 所示。

据悉,京东上海的"亚洲一号"现代化物流中心一期于 2016 年 6 月完成设备安装调试后开始试运营。该物流中心位于上海嘉定,共分两期,规划的建筑面积为 20 万平方米,其中投入运行的一期定位为中件商品仓库,总建筑面积约为 10 万平方米,分为 4 个区域——立体库区、多层阁楼拣货区、生产作业区和出货分拣区。据介绍,京东上海"亚洲一号"的仓库管理系统、仓库控制系统、分拣和配送系统等整个信息系统均由京东自主开发,所有从国外进口的世界先进的自动化设备均由京东进行总集成。"立体库区"库高24米,利用自动存取系统(AS/RS系统),可实现自动化高密度的储存和高速的拣货能力;"多层阁楼拣货区"采用了各种现代化设备,可实现自动补货、快速拣货、多重复核手段、多层阁楼自动输送能力,可实现京东巨量SKU的高密度存储和快速准确的拣货和输送能力,如图6.7所示为物流中心立体库区。

图6.6　京东位于上海的首个"亚洲一号"现代化物流中心

图6.7　物流中心立体库区

2. 第三方物流配送模式

物流外协第三方,即通常所说的第三方物流是由相对"第一方"发货人和"第二方"收货人而言的第三方来承担企业物流活动的一种物流形态。第三方物流模式是指交易双方把自己需要完成的配送业务委托给第三方来完成的一种配送运作模式。这一配送模式正逐渐成为电子商务网站进行货物配送的一个首选模式和方向。它的服务内容包括设计物流系统、电子数据交换、报表管理、货物集运、信息管理、仓储、咨询、运费支付和谈判等。电子商务企业采用第三方物流方式对于提高企业经营效率具有重要作用。

(1) 集中精力于核心业务。企业应把自己的主要资源集中于自己熟悉的主业,而把物流等辅助功能留给物流公司,这样可以提高自己主业的市场竞争力。如果一家规模不是很大的企业投入太多的资金自己搞物流,那么该企业投入到主业上的资金就会相应地减少,则该企业主业的市场竞争力会受到很大的影响。

(2) 灵活运用新技术,实现以信息换库存,降低成本。由于科学技术的日益进步,普通的单个制造公司通常在短时间内难以更新自己的资源和技能,不同的零售商可能有不同的、不断变化的配送和信息技术等需求。此时,第三方物流公司能以一种快速、更具成本优势的方式满足这些需求,而这些服务通常都是制造商一家难以做到的。同样,第三方物流供应商还拥有满足一家企业的潜在顾客需求的能力,从而使企业接洽到零售商。

(3) 减少固定资产投资,加速资本周转。企业自营物流需要投入大量的资金购买物流设备,建设仓库和信息网络等专业物流设施。这些资源对于缺乏资金的企业(特别是中小企业)是个沉重的负担。而如果使用第三方物流公司,不仅可以减少设施的投资,还能够免去仓库和车队方面的资金占用,加速资金的周转。与自营物流相比较,第三方物流在为企业提供上述便利的同时,也会给企业带来诸多不利。主要有:企业不能直接控制物流职能,不能保证供货的准确性和及时性,不能保证顾客服务的质量和维护与顾客的长期关系,企业将放弃对物流专业技术的开发等。代表企业:淘宝、天猫、唯品会。

3. 物流一体化配送模式

物流一体化是建立在第三方物流成熟发展和电子商务高度应用的基础之上的,旨在消除物流链条体系上下游成员之间的利益冲突,提高物流体系的运作效率。所谓物流一体化,就是以物流系统为核心的由生产企业,经由物流企业、销售企业,直至消费者的供应链的整体化和系统化。在这种模式下,物流企业通过与生产企业建立广泛的代理或买断关系,与销售企业形成较为稳定的契约关系,从而将生产企业的商品或信息进行统一组合,处理后,按部门订单要求,配送到店铺。物流一体化中信息技术平台和系统的充分应用,保证了整个链条成员、物流资源、信息资源和合作机制以及利益关系等都得到有效的安排和均衡处理,物流一体化可以使生产制造企业成本降低,服务和品牌形象大幅度提升和优化,物流一体化体系中电子商务方案提供商、生产制造企业、第三方物流企业和最终消费者构成了一个完整的供应链条。这种配送模式还表现为在用户之间交流供应信息,从而起到调剂余缺、合理利用资源的作用。在电子商务时代,这是一种比较完整意义上的物流配送模式,它是物流业发展的高级和成熟阶段。在国内,海尔集团的物流配送模式可以说已经是物流一体化了,并且是一个非常成功的案例。

4. 共同配送模式

共同配送是为了提高物流效率对某一地区的用户进行配送时,由许多个物流企业联合在一起进行的配送,以降低交易费用为目的的多家物流企业或生产制造实体企业构成联合体,费用风险共担和利益共享是这种物流模式的主要特征。各参与企业主体通过电子商务平台共享联盟内的物流设施、生产要素、物流运输和仓储设备等,通过信息技术将分散在单个企业内部无法单独完成物流功能的资源和配送体系有效地链接了起来,它是在配送中心的统一计划、统一调度下展开的。主要包括两种运作形式:一是由一个物流企业对多家用户进行配送,即由一个配送企业综合某一地区内多个用户的要求,统筹安排配送时间、次数、路线和货物数量,全面进行配送;二是仅在送货环节上将多家用户待运送的货物混载于同一辆车上,然后按照用户的要求分别将货物运送到各个接货点,或者运到多家用户联合设立的配送货物接收点上。目前,大型现代化配送中心的建设跟不上电子商务物流的发展要求,实行共同配送是积极可行的选择。从微观角度来说,企业可以得到以下几个方面的好处:首先,达到配送作业的经济规模,提高物流作业的效率,降低企业营运成本;不需投入大量的资金、设备、土地、人力等,可以节省企业的资源。其次,企业可以集中精力经营核心业务,培养自己的核心竞争力,更好的适应激烈的市场竞争。最后,从社会的角度来讲,实现共同配送可以减少社会车辆总量,减少闹市区卸货妨碍交通的现象,改善交通运输状况;通过集中化处理,提高车辆的装载效率,节省物流处理空间和人力资源,实现社会资源的共享和有效利用。共同配送也涉及一些难以解决的问题:首先,各业主经营的商品不同,不同的商品特点不同,对配送的要求也不同,共同配送存在一定的难度。其次,各企业的规模、商圈、客户、经营意识也存在差距,往往很难协调一致。还有费用的分摊、对泄露商业机密的担忧等。

6.3.3 电子商务物流配送中的问题

1. 物流配送的基础设施不完善

近年来,我国在物流方面有很大的发展,在交通运输方面,道路及运输工具有了很大的改进,仓储设备、信息通信工具及货物的装卸、流通加工等方面也有了一定的改善。但总体来说,我国的物流基础设施设备还比较落后。目前,公路网络的建设与完善、物流配送中心的规划与管理、现代化物流配送工具与技术的使用、与电子商务物流配送相适应的管理模式和经营方式的优化等都无法满足我国电子商务物流配送的要求。特别在不同运输方式下,各地方运输模式、运输设备等衔接方面的基础设施缺乏建设投入,制约了物流配送的发展。

2. 物流配送服务质量差

电子商务与第三方物流公司合作,服务质量良莠不齐,电子商务配送方面存在很多问题。配送质量方面,配送公司业务量大,遗失物品、货物破损的现象时有发生,快递公司不允许卖家收货时现场验货;对于电子商务承诺客户的"保质保量保真,不满意免费退换",一旦货物出现问题,买家需要再次配送回卖家手中进行再次沟通,其中的时间与成本问题,给淘宝的卖家与买家造成了不必要的困扰;在配送时间方面,快递公司一般承诺是3~5天到货,平时大多能遵守,但业务高峰及业务低潮时,物流公司考虑送货地及货物方数、件数问题,很难保证时限,配送延时有的长达几周。网店评价中不难发现很多买家评价都是针对于货物到达时间太慢之类的抱怨;配送网点覆盖面方面,电子商务的各大网点的配送指南中,都对配送地点进行了规定,市内只能配送到一定区域,其余由买家上门自提,买家评价中也可以看到买家提到快递花了很多路费取货的情况,这对买家造成了不便,也降低了电子商务配送的服务质量。

3. 物流配送成本高

大多数消费者选择电子商务是出于网上购物比实店购物价格低，以及网店的折扣诱惑。消费者的购物费用可以包括上网费用、商品价格费用以及配送费用。如果配送成本过高，消费者就会放弃网上购物选择实店购物。目前消费者对于包邮购物有极大兴趣，卖家想要挣得利润，就提高商品价格，压低给物流公司的送货费用，物流公司的服务质量也随之下降。近年来，电子商务的配送成本也越来越高。

4. 目前物流配送相关法规及配送中心体制不健全

我国关于电子商务下关于物流配送方面的法律法规还不完善，各区域之间缺乏协调统一的发展规划和协调有序的协同运作，归口管理不一致，制约着物流配送的发展。与电子商务物流配送相适应的财税制度、市场准入与退出制度、社会安全保障制度、纠纷解决程序等还不够完善，制度和法规的缺陷阻碍了电子商务物流配送的发展。各地区的配送机构独立发展，缺少统一的发展政策和规划。不仅造成巨大的资源浪费，也形成了物流设施不合理的布局状态，同时降低了物流系统运作的效率，而且无论是物流行业的外部环境、法律法规，还是物流行业内的行规、制度，都需要进一步的完善，尤其在配合电子商务发展方面。

6.4 第三方物流

第三方物流是指接收客户委托为其提供专项或全面的物流系统设计以及系统运营的物流服务模式。随着电子商务物流发展的变迁和内容框架的丰富，越来越多的专业解决方案提供商介入到电子商务物流系统的规划和构建中来，诸如物流咨询公司和物流信息技术公司等，以其提供专业解决方案的优势为企业物流系统规划和先进物流管理理念的传输等提供了可能，同时物流技术服务公司可以为物流系统提供无线射频识别技术 RFID、全球定位系统技术 GPS 和地理信息系统技术 GIS 等集成解决方案，这就催生了具有更高更强竞争优势的新兴物流组织模式（即第三方物流）。第三方物流专注于提供物流服务的系统整体解决方案，不再仅仅局限于传统货物运输仓储等基本物流作业服务。第三方物流业务活动和运作的内容主要包括配送信息整理以及对信息资源服务商和技术提供商等主体之间的协调。

1. 第三方物流的定义

所谓第三方物流，是指生产经营企业为集中精力搞好主业，把原来属于自己处理的物流活动，以合同方式委托给专业物流服务企业，同时通过信息系统与物流企业保持密切联系，以达到对物流全程管理和控制的一种物流运作与管理方式。第三方物流，英文表达为 Third-Party Logistics，简称 3PL，也简称 TPL，是相对于"第一方"发货人和"第二方"收货人而言的。3PL 既不属于第一方，也不属于第二方，而是通过与第一方或第二方的合作来提供其专业化的物流服务，它不拥有商品，不参与商品的买卖，而是为客户提供以合同为约束、以结盟为基础的系列化、个性化、信息化的物流代理服务。最常见的 3PL 服务包括设计物流系统、EDI 能力、报表管理、货物集运、选择承运人、货代人、海关代理、信息管理、仓储、咨询、运费支付、运费谈判等。从广义上讲是相对于自营物流而言的，凡是由商品买卖双方之外的第三方提供物流服务的形式就是第三方物流。从狭义上讲是指能够提供现代化的、系统的物流服务的第三方的物流活动,其具体描述如下:①有提供现代化、系统物流服务的企业素质;②可以向货主提供包括供应链物流在内的全程物流服务和特定的、定制化服务的物流活动;③是一种建立在长期契约关系之上的综合物流活动;④是一种提供增值物流服务的现代化物流活动。第三方物流是独立于供方与需方的物流运作模式,是一种社会化、专业化的物流,是综合系列化的服务,第三方物流是客户的战略同盟者,而非一般的买卖对象。从资源整合的方式看,第三方物流企业主要有两种:一种是不拥有固定资产,依靠企业协调外部资源进行运作的非资产型,另一种是投资购买各种设备并建立自己物流网点的资产型。第三方物流对促进社会经济发展起到了较大作用:有利于社会物流设施的充分利用,进行合理的资源优化配置,减少不必要的投资;专业化物流配送,利用快速反应系统,及时为用户服务,使产销紧密结合;有利于企业和行业实现规模化经营,提高规模效益;加快物流产业的形成和再造。

第三方物流基本特点如下。

(1) 关系合同化。第三方物流是通过契约形式来规范物流经营者与物流消费者之间关系的。首先,物流经营者根据契约规定的要求,提供多功能直至全方位一体化的物流服务,并以契约来管理所有提供的物流服务活动及其过程。其次,第三方物流发展物流联盟也是通过契约的形式来明确各物流联盟参加者之间权责利相互关系的。

(2) 服务个性化。首先,不同的物流消费者存在不同的物流服务要求,第三方物流需要根据不同物流消费者在企业形象、业务流程、产品特征、顾客需求特征、竞争需要等方面的不同要求,提供针对性强的个性化物流服务和增值服务。其次,从事第三方物流的物流经营者也因为市场竞争、物流资源、物流能力的影响需要形成核心业务,不断强化所提供物流服务的个性化和特色化,以增强物流市场竞争能力。

(3) 功能专业化。第三方物流所提供的是专业的物流服务。从物流设计、物流操作过程、物流技术工具、物流设施到物流管理必须体现专门化和专业水平,这既是物流消费者的需要,也是第三方物流自身发展的基本要求。

(4) 管理系统化。第三方物流应具有系统的物流功能,是第三方物流产生和发展的基本要求,第三方物流需要建立现代管理系统才能满足运行和发展的基本要求。

(5) 信息网络化。信息技术是第三方物流发展的基础。物流服务过程中,信息技术发展实现了信息实时共享,促进了物流管理的科学化,极大地提高了物流效率和物流效益。

2. 第三方物流运作模式

第三方物流企业运作模式是指专业物流企业根据客户的要求,将货物安全、高效、完整、及时地从提供者手中运送到需求者手中。服务内容包括运输、仓储、包装、搬运装卸、流通加工、配送等基础性服务,也包括信息系统管理、物流系统方案设计等增值性服务;服务对象可能是工业企业、商贸企业或者是社会公众;服务范围可以局限在某个区域,也可以拓展到全国甚至是全球;还有服务手段、服务产品的选择等,足见物流服务的复杂性。正因如此,对于任何一家物流企业来说,要想在物流市场长期生存,首要的就是根据自己的优势选择合适的目标市场,也就是明确服务定位,然后再据此逐渐建立相应的运作体系,这套体系的内容就是运作模式。

1）理论模式一

此类第三方物流企业的主要特点是规模庞大，网络体系遍布全国甚至全球，拥有先进的物流装备、强大的信息管理能力和高水平的物流人才，可以同时为多个行业的客户提供高集成度的物流服务。由于高端的物流服务涉及对客户的多种物流功能甚至整个供应链的整合，需要个性化定制，因此第三方物流企业参与客户营运的程度很深，投入较大。尽管拥有大量的资产，同时为多个行业提供高集成度的物流服务也是很困难的，因此采用这种模式的第三方物流企业几乎不存在。

2）理论模式二

此类第三方物流企业基本上不进行固定资产的投资，而是通过强大的信息管理能力和组织协调能力来整合社会资源，为多个行业的企业提供高集成度的物流服务。同理，由于服务需要个性化定制而且物流企业的精力有限，这种高集成度的服务很难大规模运作，而且无资产的物流企业操作起来更加复杂。

3）综合物流模式

综合物流模式的特点是第三方物流企业拥有大量的固定资产，为少数行业提供高集成度的服务，它与第一种模式的区别在于其业务范围集中在自己擅长的领域。一些从大型生产制造企业中剥离出来的第三方物流企业，由于有自己的网络和营销渠道专长，也集中面向专长的行业提供高集成度物流服务。由于提供高集成度的物流服务参与客户内部运营的程度较深，因此为了更好地实施物流管理，同时也为了降低客户完全外包物流的巨大风险，一种常见的操作方式是第三方物流企业与客户共同投资新的物流公司，由这个公司专门为该客户提供一体化的物流服务。

4）综合代理模式

综合代理模式的特点是第三方物流企业不进行固定资产投资，对公司内部及具有互补性的服务提供商所拥有的不同资源、能力、技术进行整合和管理，为少数行业提供高集成度的一体化供应链服务，它与第二种模式的区别是其业务范围集中在自己的核心领域。采用综合代理的物流运作模式，不仅降低了大规模投资的风险，而且可以有效地整合社会资源，提高全社会的物流运作效率。但是底层物流市场的极度不规范也使整合社会资源的难度很大，目前这种模式也还处于概念和探索阶段。

5）功能物流模式

功能物流模式的特点是第三方物流企业使用自有资产为多个行业的客户提供低集成度的物流服务。这类第三方物流企业对客户提供的服务功能很单一，多是提供运输、仓储服务，一般不涉及物流的整合与管理等较高端的服务。功能物流模式是目前我国第三方物流企业运作的一种主要模式，许多以传统运输、仓储为基础的大中型企业，以及一些新兴的民营物流公司，都属于这种模式。从国内的物流市场来看，由于客户企业仍倾向于外包部分功能性的物流活动而不是全部物流，因此定位在低集成度上的形式仍然有很大的空间，功能物流模式仍将是主要的物流服务形式。采用功能物流模式的第三方物流企业应该不断加强自身的运作能力，在强化核心能力的基础上，可逐步拓展服务的种类，提升服务层次，向综合物流模式发展。

6）功能代理模式

这种模式的第三方物流企业与功能物流模式一样，也是为多个行业的客户提供低集成度的服务,只不过是通过委托他人操作来提供服务,自身不进行固定资产投资。这类企业一般由货代类企业经过业务拓展转变而来,客户分布比较广泛,服务层次相对较低,但它具有较强的管理整合社会公共资源能力,能够充分利用闲置的社会资源,使其在效益方面产生乘数效应,一般是取得物流项目的总承包后整合社会资源再进行二次外包。这类企业对固定设备、设施的投资少,以其业务灵活、服务范围广和服务种类多等优势使其他企业难以与之竞争。

7) 集中物流模式

集中物流模式的特点是第三方物流企业拥有一定的资产和范围较广的物流网络,在某个领域提供集成度较低的物流服务。由于不同领域客户的物流需求千差万别,当一个物流企业能力有限时,他们就可以采取这种集中战略,力求在一个细分市场上做精做强。例如,同样是以铁路为基础的物流公司,某铁路快运公司是在全国范围内提供小件货物的快递服务,而另一物流公司则是提供大纲物的长距离运输。由于在特定领域有自己的特色,因此这种第三方物流企业运作模式也是需要重点培育和发展的。

8) 缝隙物流模式

缝隙物流模式的特点是第三方物流企业拥有较少的固定资产甚至没有固定资产,以局部市场为对象,将特定的物流服务集中于特定顾客层。这种模式非常适合一些从事流通业务的中小型物流公司,特别是一些伴随电子商务而发展起来的小型物流企业。采用缝隙型物流运作模式的第三方物流企业应该充分发挥自己在特定服务领域的优势,积极提高服务水平,实现物流服务的差异化和成本最小化。

3. 区域货物的运输模式

区域货运枢纽是区域物流网络中的重要集散中心,它不仅是关系全局的重要物流组织和生产基地,保证物流网络畅通、实施宏观调控的重点,同时又是物流网络中各节点设施相互联系、相互配合的重要环节。在物流网络系统中具有特殊重要的地位和作用。

1) 基于区域货运枢纽的物流服务功能

货运枢纽一般是指两条或两条以上运输线路的交汇、衔接处形成的具有运输组织与管理、中转以及换装、装卸搬运、储存、多式联运、信息流通和辅助服务等功能的综合性设施。按照交通运输方式的不同,货运枢纽可分为公路货运枢纽、铁路货运枢纽、航空货运枢纽、水路货运枢纽以及综合货运枢纽等。

就区域货运枢纽的物流服务功能而言,一般可分为两大类:一类是基本物流服务功能,它主要包含六大功能,即运输组织、储存功能、装卸搬运、包装功能、流通加工功能和物流信息服务功能,这些基本功能是基于区域货运枢纽得以存在与发展的基础;另一类是物流增值服务功能,为了适应信息技术的飞速发展,满足新环境变化的要求,进一步挖掘第三利润源泉,延伸物流系统的作用范围,作为新型物流中心的区域货运枢纽还必须至少具有以下4项增值服务功能。

(1) 结算功能

物流中心的结算不仅仅只是物流费用的结算,在从事代理、配送的情况下,物流中心还需要替货主向收货人结算货款等。

(2) 需求预测功能

自用型物流中心经常负责根据物流中心商品进货、出货信息来预测未来一段时间内的商品进出库量,进而预测市场对商品的需求。

(3) 物流系统设计咨询功能

区域货运枢纽要充当货主的物流专家,因而必须为货主设计物流系统,代替货主选择和评价运输商、仓储商及其他物流服务供应商。这是一项增加价值、增加公共物流中心竞争力的服务。

(4) 物流教育与培训功能

区域货运枢纽的运作需要货主的支持与理解,通过向货主提供物流培训服务,可以培养货主与物流经营管理者的认同感,提高货主的物流管理水平,将物流中心经营管理者的要求传达给货主。

2) 基于区域货运枢纽的多功能服务型物流运作模式

基于区域货运枢纽的多功能服务型的物流运作模式,是以区域的特殊地理位置为基础的(如港口、区域物流中转中心等)承担区域内外货运中转枢纽功能的物流活动聚集区,以大批量货运集散为物流活动的主要特征。货运枢纽多功能服务型物流运作模式组成比较复杂,是集中多种运输方式和物流服务功能的设施群,它包括两类物理实体:一类是相互间有紧密的作业联系、合理的业务分工协作、便捷的运输联系的物流节点设施,主要指物流园区和某些专业的物流中心;另一类是货运枢纽,包括铁路的货运站和编组站、航空货运枢纽、公路货运站场等。除了提供传统的货物运输和仓储等基本的服务功能,协同、整合的能力要求很高,提供满足区域经济社会发展需要的物流服务,还应该具备的服务性功能包括:结算功能、需求预测功能、物流系统设计咨询功能、专业教育与培训功能、共同配送功能及其他附加增值功能。

3) 以虚拟物流中心为导向的多功能型物流运作模式

虚拟物流中心是把运输车辆、货运仓储、货运装卸设备等各种基础设施,通过电子商务交易平台,将交易双方车主和货主、运输公司、保险公司、银行等各种交易中介纳入虚拟物流网络进行集中管理和控制,从而实现物流中心所具备的快速、安全、可靠、有效的物流服务。其主要目的是对现有的物流资源进行虚拟优化配置,通过集成需求信息降低需求的高度不确定性,促进物流市场的发展。作为虚拟物流中心应具备以下三个基本功能:第一,物流供给的资源整合。通过信息网络进行物流供给者的服务能力登记,建立物流供给信息数据库,包括物流供给者的地区、物流设备状况、愿意服务的区间。然后,针对不同物流服务能力的物流供给者提供相关的物流需求信息,从而提高物流资源的利用率,降低物流成本。第二,物流服务信息整合。中小规模的物流需求者通过网络进入虚拟物流中心,提交物流服务需求的相关信息(如时间、区间、物品、数量、服务种类、期望费用等),虚拟中心把这些信息进行归类管理,再与物流供给者的数据库进行对接,实现对整个物流市场的信息整合,形成网络交易平台。第三,信用管理。虚拟物流中心通过会员的信用承诺,以及加入虚拟物流中心的银行、保险公司等中介单位的信用担保、信用贷款等会员便利政策,不仅对物流服务双方的行为进行约束,而且加强对信用的认识。虚拟物流中心建立会员的信用管理系统,以提高整个物流市场的信用度。

以虚拟物流中心为导向的物流运作模式是利用互联网平台、集成各站场资源、整合现有物流功能和技术。设计、构建和运作综合物流与供应链解决方案,充分发挥信息流对实物流的监控作用,减少多重运输、多重中转等不经济的现象,减少资源浪费,提高物流与整体供应链的效益。

总之，采用何种模式不是绝对的，影响因素中除去一些客观因素之外，其他各要素均存在一定变数，可以同时结合考虑多种模式，或者先选取一种模式，然后再根据发展的实际情况做出适当的调整，也可以把多种模式相互结合使用。

6.5 电子商务物流技术和设备及其应用

6.5.1 电子商务物流设备

1．货架

货架是采用型钢焊接、螺栓连接或型材直接卡接而成的钢架结构，可分为高层立体仓库货架（横梁式和牛腿式）、水平回转货架、垂直旋转货架、移动式货架及重力式货架等，主要具有物料存储功能。

作为一种承重结构和设备，货架必须保证足够的刚强度和精度，所以设计时一般要用有限元分析软件进行结构静力学分析及地震谱动力学分析。

2．巷道堆垛机

巷道堆垛机是自动化立体仓库存取物料的主要设备，它按照指定的程序组合，按照先入先出原则，在货架巷道内来回穿梭运行，把物品从输入站台送入立库货位或者对贮存物品进行提取，并从立库货位送到输出站台。堆垛机按结构分类可分为单立柱式和双立柱式，按取货装置分类可分为单货叉、双货叉，单深式、双深式等，巷道堆垛机主要由走行机构、提升机构、装有存取货机构的载货台、机架（车身）、安全保护装置、认址装置、电气设备、通信装置等组成。目前，堆垛机一般采用红外光通信、编码器或激光测距认址，其中，寻址定位的算法和控制是保证 X、Y、Z 三方向运动高效可靠的关键，如图 6.8 所示为单立柱堆垛机和双立柱堆垛机。

单立柱堆垛机　　　双立柱堆垛机

图 6.8　堆垛机

3．输送机设备

输送机设备是物料输送的重要运输工具，包括各种类型的链式、辊道、带式、集放、升降、合流、分流输送机，以及升降台、连续提升机、滑槽、穿梭车（往复式和环形式）等设备，主要完成从巷道堆垛机到出入库站台、分拣机、包装机等设备之间的物料输送工作。输送机设备结构简单，但要求输送时设备之间过渡平稳、到位精确、物料不跑偏，同时要保证物料的流量。

4．自动导引车

自动导引车（Automated Guided Vehicle，AGV）又称为无人搬运车，是指装备有电磁或光学等自动导引装置,能够沿规定的导引路径行驶,具有安全保护以及各种移载功能的运输小车。AGV 的关键技术包含导航(Navigation)和导引计算(算法)两部分:导航是指确定 AGV 在系统全局中的坐标位置(X,Y)及车体自身的方位角度(q);导引计算是指将导航信号转换为 AGV 驱动命令(速度和转向角度)的算法,不同的导引方式有不同的导引算法。目前应用较为广泛的导引技术主要有电磁导引、磁带导引、激光导引和惯性导航,其中激光导引是通过激光束扫描地面反射坐标点,根据三点计算法确定其精确位置与方向,能非常方便地变更行走路径,具有很高的柔性。

5. 自动分拣机

自动分拣机是将混在一起而去向不同的物品,按设定要求自动进行分发配送的设备,它主要由输送装置、分拣机构、控制装置等组成。当分拣物到达分拣口时,通过推拉机构、拨块、倾倒、输送等方式,使分拣物滑动或传输到分拣口,可实现多品种、小批量、多批次、短周期的物品分拣和配送作业,如图 6.9 所示。自动分拣机的种类很多,但较为先进的主要有三种:滑靴式分拣机、翻盘/翻板式分拣机、交叉带式分拣机。

图 6.9 自动分拣机

6. 工业机器人

物流系统中的工业机器人主要是对物料进行码垛、拆码、加去盖等搬运工作,根据结构形式,可分为直角坐标式、极坐标式、关节式机器人。其中视角识别移动式机器人是集图像识别、图像定位、机器人拆码、数控穿梭行走为一体的柔性拣料及拆码系统,能实现不同规格尺寸、不同形状、随机位置和方向的物品的自动分拣装盘及配送。

7. 电子显示器

受物流技术和成本的制约,许多物品的分拣作业需要人机结合,其中由现场操作 PC、信号转换器、电子显示器(Pick to Light)等组成的计算机辅助捡货系统的应用日益广泛。电子显示器是一个可操作的液晶面板,一般设置在重力式货架各个货位前端,计算机配货信息通过时能在显示屏上实时显示,同时指示灯发光,指引工作人员捡货路径和捡货数量,捡货结束后按键确认,捡货人员继续下一个显示器作业内容。

8. 信息识别

自动化物流系统中,为了完成物料编号、品名、类别、数量等物流信息的采集,通常采用条形码、射频(RF)等识别技术。条形码中较为经济、应用较广的是一维码,是在浅色衬底上由深色矩形的线条(码条)排列而成的编码,其码条及空白条的数量和宽度按一定的规则编排,可通过连线的条码识别器或无线手持数据采集终端动态读取信息。射频技术的应用之一是电子标签,它是一种非接触式 IC,将一个集成电路芯片镶嵌在塑料基片中,并封装成卡,可埋植在物料载体(托盘、箱体等)内,自动读写数据时,读写头与电子标签的距离可达 120~150mm。

9. 系统仿真

对于大、中型自动化物流系统,一般工艺复杂、设备繁多,总体工艺方案设计过程中,一般要进行系统仿真,以保证整个系统设备配置(性能、数量等)的科学性、合理性、经济性,这相当于优化设计。通过仿真计算得出的数据和参数可以校核其总体设计是否合理,为方案论证、能力设计提供理论依据,并可预先了解方案实施后物料存储和输送过程中的各种动态统计性能,如物料流量、设备利用率等。

10. 摄像监控

可通过高分辨率、低照度变焦摄像头和大屏幕电视墙,对物流系统现场中人身及设备安全进行实时观察和监控。作为摄像监控的辅助,还可设置具有群呼、区域选呼、对讲功能的语音调度设施,把中控室、现场从图像和语音两个方面都联系在一起,使中控室(调度中心)更能发挥其现场指挥调度的作用,从而创造无人化作业环境,提高现代物流的管理水平。

11. 电气控制

电气控制采用各种传感器检测、编码器认址、激光测距、变频器调速,以及可编程控制(PLC)、现场总线控制(Field Bus)、微处理器(CPU)等技术方案,可采用设备控制层、集中监控层、数据管理层的三层体系控制架构,对各台单机设备的出入库、搬运、输送、检测等各种作业进行控制和监控,实现完善的安全保护、故障诊断和手动/自动控制等功能。

12. 计算机管理

计算机管理包括物流管理和物流控制两个方面,上联企业 MRPII/ERP 系统,下联工业实时控制系统。计算机系统是自动化物流系统的调度核心和信息存储处理中心,构建在先进的工业控制网上,运行于计算机网络系统与数据库环境下,以集成技术为核心,实现物流指令快速、准确的执行及物流信息的收集、处理、传送、存储和分析,并做出正确的决策以协调各业务环节,从而实现迅速、准确、及时、高效的自动化物料存取、输送、配送和科学管理。

6.5.2 电子商务物流技术

1. 条形码技术及其在物流中的应用

条形码技术是在计算机的应用实践中产生和发展起来的一种自动识别技术。它是为实现对信息的自动扫描而设计的,是实现快速、准确而可靠采集数据的有效手段。条形码技术的应用解决了数据录入和数据采集的"瓶颈"问题,为供应链管理提供了有力的技术支持。物流条形码是条形非对抗性的一个重要组成部分。它的出现,不仅在国际范围提供了一套可靠的代码标识体系,而且为贸易环节提供了通用语言,为 EDI 和电子商务奠定了基础。物流条形码标准化在推动各行业信息化、现代化建设进程和供应链管理的过程中起到不可估量的作用。

2. EDI(电子数据交换技术)技术及其在物流中的应用

EDI 是一种信息管理或处理的有效手段,它可以对物流供应链上的物流信息进行有效的运作,例如传输物流单证等。EDI 在物流运作中的目的是充分利用现有计算机及通信网络资源,提高交易双方信息的传输效率,降低物流成本。具体来说主要包括这几方面:首先,对于制造业来说,利用 EDI 可以有效地减少库存量,缩短生产线待料时间,降低生产成本;其次,对于运输业说,利用 EDI 可以快速通送报检、科学合理地利用运输资源、缩短运输距离、降低运输成本费用并节约运输时间;再次,对于零售业来说,利用 EDI 可以建立快速响应系统,降低商场库存量与空架率,加速奖金周转,降低物流成本;同时也可以建立起物流配送体系,完成产、存、运、销一体化的供应线管理。

3. GPS(全球定位系统)技术在物流中的应用

首先,在汽车自动定位、跟踪调度方面,利用 GPS 的计算机管理信息系统,可以通过 GPS 和计算机网络实时收集全路汽车所运货物的动态信息,实现汽车、货物追踪管理,并及时地进行汽车的调度管理。其次,在铁路运输管理方面,利用 GPS 的计算机管理信息系统,可以通过 GPS 和计算机网络实时收集全路列车、机车、车辆、集装箱及所运货物的动态信息,实现列车及货物的追踪管理。只要知道货车的车种、车型和车号,就可以立即从近 10 万公里的铁路网上流动着的几十万辆货车中找到该货车,还能得知这辆货车在何处运行或停在何处,以及所有的车载货物发货信息。铁路部门运用这项技术可大大提高其路网及其运营的透明度,为货主提供更高质量的服务。最后,用于军事物流。全球卫星定位系统首先是因为军事目的而建立的,在军事物流中应用相当普遍,如后勤装务的保障等方面。通过 GPS 技术及系统,可以准确地掌握和了解各地驻军的数量和要求,无论在战时还是在平时,都能及时地进行准确的后勤补给。

4. RFID(射频识别)技术在物流中的应用

RFID 是一种自动识别技术,是集编码、载体、识别与通信等多种技术于一体的综合技术。与其他自动识别技术一样,主要应用目标是实现信息系统的自动化信息采集,保证被识别物品的信息化管理。典型的 RFID 系统由 RFID 读写器和 RFID 标签组成,标签承载物品信息,作为标识附着于物品上;读写器利用感应无线电波、微波实现标签信息的识别与采集,并将信息输入信息管理系统。RFID 不局限于视线,识别距离比光学系统长,射频识别卡具有读写能力,可携带大量数据,难以伪造并且有智能。RFID 的应用如下:第一,仓储管理。将 RFID 系统用于智能仓库货物管理,有效地解决了仓库里与货物流动有关信息的管理。它不但增加了一天内处理货物的数量,还监督这些货物的一切信息。第二,生产线自动化。用RFID技术在生产线上实现自动控制和监视,能提高效率、降低成本。在各个流水线位置能毫不出错地完成装配任务。第三,分析和预测。企业通过RFID对物流体系进行管理,不仅可对产品在供应链中的流通过程进行监督和信息共享,还可对产品在链中各阶段的信息进行分析和预测。

RFID智能仓库的技术特点在于:通过射频识别技术自动识别分拣的货物,实时显示仓库库存,货物进出全自动更新并实时显示在大屏幕上,分拣无须人为扫描条码,如图6.10所示为RFID智能分拣示意图。

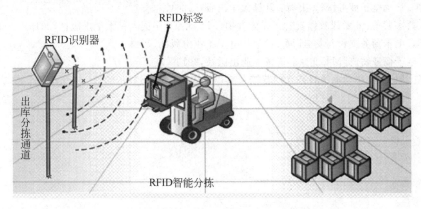

图6.10　RFID智能分拣示意图

6.6　本章小结

本章全面讲述了电子商务物流的相关知识。物流是电子商务中的重要一环,在很大程度上影响着用户的购物体验。本章从电子商务物流的概念出发,讲述了电子商务物流的配送模式、电子商务供应链管理、第三方物流等知识,旨在让读者对电子商务物流的运作方式有全面的了解。最后讲述了电子商务物流的支撑技术和相关设备。

习题

电子商务物流和传统物流的区别是什么?

参 考 文 献

[1] 王忠元.移动电子商务[M].北京:机械工业出版社,2015.
[2] 孙军,张英奎.电子商务概论[M].北京:机械工业出版社,2015.
[3] 钟元生.移动电子商务[M].上海:复旦大学出版社,2012.
[4] 阳翼.数字营销:6堂课教你玩转新媒体营销[M].北京:中国人民大学出版社,2015.
[5] 臧良运.电子商务支付与安全[M].北京:电子工业出版社,2014.
[6] 毕娅.电子商务物流[M].北京:机械工业出版社,2015.
[7] 廖卫红,周少华.移动电子商务互动营销及应用模式[J].网络经济,2012(3):67-71.

图书资源支持

感谢您一直以来对清华版图书的支持和爱护。为了配合本书的使用,本书提供配套的素材,有需求的用户请到清华大学出版社主页(http://www.tup.com.cn)上查询和下载,也可以拨打电话或发送电子邮件咨询。

如果您在使用本书的过程中遇到了什么问题,或者有相关图书出版计划,也请您发邮件告诉我们,以便我们更好地为您服务。

我们的联系方式:

地　　址: 北京海淀区双清路学研大厦 A 座 707

邮　　编: 100084

电　　话: 010-62770175-4604

资源下载: http://www.tup.com.cn

电子邮件: weijj@tup.tsinghua.edu.cn

QQ: 883604(请写明您的单位和姓名)

用微信扫一扫右边的二维码,即可关注清华大学出版社公众号"书圈"。

扫一扫
资源下载、样书申请
新书推荐、技术交流